Ruinen-Jahre

Richard Bauer

Ruinen-Jahre

Bilder aus dem zerstörten München

1945–1949

Hugendubel

BILDNACHWEIS

Photos: Ihrt Seiten 100, 122, Krempl Seiten 57, 107, 143,
Langendorff Seiten 52, 93, Schürer Seiten 29, 55, 68, 69, 74, 78, 102, 114,
118, 126, 132, 182, 183, 193 links, 200, 201, 210, 211,
Silchmüller Seiten 59, 63, 79, 94, 96, 119, 121
alle übrigen: Stadtarchiv München

Bildunterschriften: Eva Maria Graf

Zitate aus der Zeitschrift Münchner Tagebuch:
Seite 50 Hans Braun, München ruft München, 14.9.46
Seite 114 Hans Poeschel, Vom Wiederaufbauen, 5.10.46
Seite 158 Rolf Flügel, Was geschieht mit unserer Altstadt? 4.1.47

Umschlaggestaltung und
Produktion: Tillmann Roeder
Satz: Fotosatz Otto Gutfreund, Darmstadt
Reproduktion: EKG Reproduktionstechnik, Stuttgart
Druck: Georg Appl, Wemding
Bindung: Conzella, München

ISBN 3-88034-202-4

Printed in Germany

Inhalt

Vorwort

Das vorliegende Buch sucht in Bild und Wort einen Weg zurück in die unmittelbare Nachkriegszeit zu finden. Es zeigt dem Betrachter und dem Leser eine Welt der Zerstörung, der Not und des Mangels – nicht um ihn zu verunsichern und zu belasten, sondern um ihn vor dem Vergessen zu bewahren. Wir haben keinen Grund, die Jahre 1945–1949 zu »verdrängen«, weil sie uns allzusehr an die der Hybris des Nationalsozialismus folgende Erniedrigung erinnern. Wir sollten uns vielmehr vor Augen führen, daß gerade in dieser Zeit wichtige Fundamente gelegt wurden, auf denen unser heutiges modernes München aufbaut.

Alle Worte und Bilder sind nur Andeutungen und erheben keinen Anspruch auf Vollständigkeit. Gezeigt werden äußere Bedingungen und Lebensumstände im kriegszerstörten München, so wie sie von verschiedenen Fotografen im Bild festgehalten und in den Akten der Stadtverwaltung niedergelegt sind.

Verzichtet wurde auf eine Chronologie der Abläufe und Ereignisse, die das Münchner Stadtarchiv ja schon vor einigen Jahren veröffentlichte. Wichtig erschien hier allein die Zusammenfassung allgemein interessierender Themenbereiche und die Wiedergabe bestimmter Situationen, welche die Erinnerung an damals unterstützen oder neu beleben können. Das Zurückdenken an die Ruinenjahre nach 1945 wird vielen Münchnern wieder bewußt machen, daß es auch ihrem mutigen Überlebenswillen zu danken ist, daß unsere Stadt aus Trümmern und Schutt wiedererstehen konnte. Die jüngere Generation wird sich beim Betrachten und Lesen dieses Buches vielleicht bewußt, daß die vielen Selbstverständlichkeiten von heute einmal keine Selbstverständlichkeiten waren, sondern daß es großer Mühe bedurfte, um sie aus dem Chaos des Jahres 1945 erstehen zu lassen.

Mein besonderer Dank für das Zustandekommen dieses Buches gilt Frau Eva Maria Graf von der Zeitgeschichtlichen Dokumentation des Stadtarchivs, die eine wichtige Hilfe bei der Sichtung des Bildmaterials war und auch die Bildunterschriften besorgte. Danken möchte ich auch Frau Leila Bamberger von der Fotostelle des Stadtarchivs für die zuverlässige Anfertigung der Reproduktionen und Frau Renate Seidl für die schnelle Besorgung der angefallenen Schreibarbeiten.

Richard Bauer

Themen und Dokumente

Einmarsch der Amerikaner

Als sich Einheiten der 7. amerikanischen Armee am 30. April 1945 anschickten, München, die »Hauptstadt der Bewegung« des unseligen Dritten Reichs, in Besitz zu nehmen, erwartete sie eine gespenstische Ruinenlandschaft, in der alles menschliche Leben nahezu erstorben schien. Schon seit dem Vortag ruhte jeglicher Verkehr in den trümmergesäumten Straßen der Außenbezirke, die sich im Zentrum bisweilen zu schmalen Trampelpfaden zwischen einer aus Schuttbergen aufragenden Fassadenkulisse verengten; eine gespannte, lähmende Stille, nur durch näherkommenden Geschützdonner unterbrochen, verkündete die bevorstehende Ankunft der Sieger.

Fast automatisch und ohne nennenswerten Widerstand vollzog sich schließlich das Ende der zwölfjährigen Schrekkensherrschaft, die noch in letzter Minute an mutigen Widerstandskämpfern der »Freiheitsaktion Bayern« ein Exempel statuiert hatte. Die mit weißen Tüchern signalisierte Kapitulation wirkte vor den auffälligen Zeugnissen des allgemeinen Zusammenbruchs eigentlich überflüssig.

Die in die Stadt einrollenden Jeeps, Panzer und Trucks lockten bald die ersten Neugierigen auf die Straße, die den Soldaten zuwinkten und deren Ausrüstung bestaunten. Noch lastete das Martyrium der jahrelangen Luftangriffe auf den Münchnern, und doch war der Einmarsch des Feinds Anlaß zur Freude: für ihre Stadt war der Zweite Weltkrieg zu Ende. Das Bewußtsein des aus Tod und Verwüstung geretteten Lebens überdeckte alle bangen Fragen an eine ungewisse Zukunft. Wen störte schon das von der Militärregierung am nächsten Tag erlassene Ausgangsverbot zwischen 19.00 und 6.00 Uhr? Konnte man sich doch endlich niederlegen, ohne befürchten zu müssen, in Kürze durch Fliegeralarm wieder aus dem Schlaf gerissen zu werden und den Rest der Nacht in ängstlicher Erwartung todbringender Bomberflotten im Luftschutzkeller verbringen zu müssen.

Anlaß zur Freude bestand auch für die alliierten Kriegsgefangenen und die ausländischen Zwangsarbeiter, die in stacheldrahtumzäunten Lagern an der Stadtperipherie hausten. Endlich war auch für sie die Stunde der Befreiung gekommen.

Nach der Ankunft der Besatzungstruppen wurde eine Militärregierung eingerichtet, die alle Regierungsgewalt auf sich vereinigte. Während die für Bayern zuständige Militärregierung in den Kasernen an der Tegernseer Landstraße und in Gebäuden an der Holbeinstraße bzw. Maria-Theresia-Straße/Ecke Prinzregentenstraße Quartier bezog, war der Amtssitz der Münchner Militärregierung von Anfang an im Neuen Rathaus. Schon in den ersten Tagen wurden dort an mehreren Toren Schilder mit der Aufschrift »Military Government« angebracht. Vor den bewachten Eingängen drängten sich bald die Münchner mit großen und kleinen Problemen, mit Anfragen und Anträgen. Besonders ausgebildete Offiziere der amerikanischen Armee übten die ihnen zugefallenen Amtskompetenzen aus.

Die ausführende deutsche Stadtverwaltung wurde am 1. Mai 1945 kommissarisch dem Verlagsleiter Dr. Franz Stadelmayer übertragen, der allerdings bereits am 4. Mai 1945 seinen Posten an den früheren Münchner Oberbürgermeister Dr. Karl Scharnagl abgab, welcher sich den

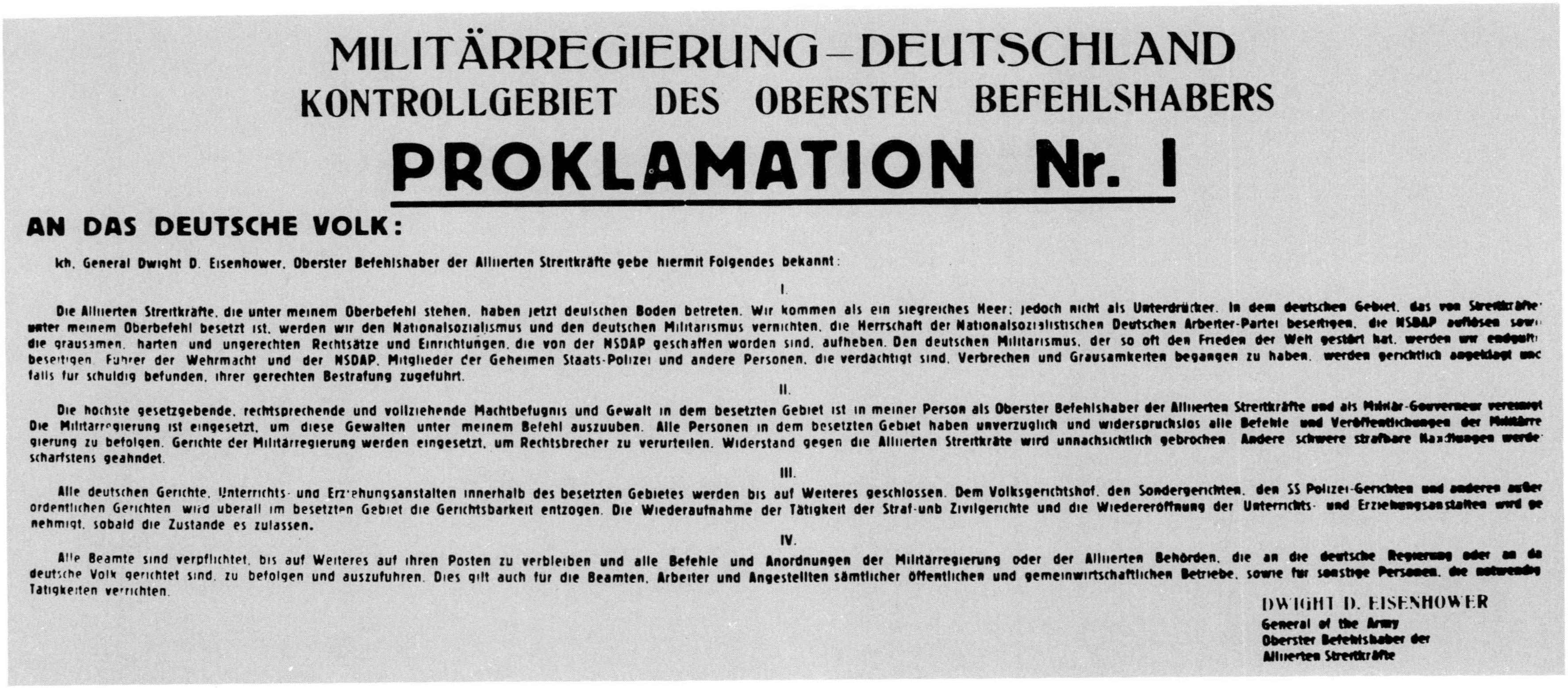

MILITÄRREGIERUNG – DEUTSCHLAND

KONTROLLGEBIET DES OBERSTEN BEFEHLSHABERS

PROKLAMATION Nr. I

AN DAS DEUTSCHE VOLK:

kh, General Dwight D. Eisenhower, Oberster Befehlshaber der Alliierten Streitkräfte gebe hiermit Folgendes bekannt:

I.

Die Alliierten Streitkräfte, die unter meinem Oberbefehl stehen, haben jetzt deutschen Boden betreten. Wir kommen als ein siegreiches Heer; jedoch nicht als Unterdrücker. In dem deutschen Gebiet, das von Streitkräfte unter meinem Oberbefehl besetzt ist, werden wir den Nationalsozialismus und den deutschen Militarismus vernichten, die Herrschaft der Nationalsozialistischen Deutschen Arbeiter-Partei beseitigen, die NSDAP auflösen sowie die grausamen, harten und ungerechten Rechtsätze und Einrichtungen, die von der NSDAP geschaffen worden sind, aufheben. Den deutschen Militarismus, der so oft den Frieden der Welt gestört hat, werden wir endgültig beseitigen. Fuhrer der Wehrmacht und der NSDAP, Mitglieder der Geheimen Staats-Polizei und andere Personen, die verdachtigt sind, Verbrechen und Grausamkeiten begangen zu haben, werden gerichtlich angeklagt und falls fur schuldig befunden, ihrer gerechten Bestrafung zugefuhrt.

II.

Die hochste gesetzgebende, rechtsprechende und vollziehende Machtbefugnis und Gewalt in dem besetzten Gebiet ist in meiner Person als Oberster Befehlshaber der Alliierten Streitkräfte und als Militär-Gouverneur vereinigt. Die Militarregierung ist eingesetzt, um diese Gewalten unter meinem Befehl auszuuben. Alle Personen in dem besetzten Gebiet haben unverzuglich und widerspruchslos alle Befehle und Veröffentlichungen der Militärregierung zu befolgen. Gerichte der Militärregierung werden eingesetzt, um Rechtsbrecher zu verurteilen. Widerstand gegen die Alliierten Streitkräte wird unnachsichtlich gebrochen. Andere schwere strafbare Handlungen werden scharfstens geahndet.

III.

Alle deutschen Gerichte, Unterrichts- und Erziehungsanstalten innerhalb des besetzten Gebietes werden bis auf Weiteres geschlossen. Dem Volksgerichtshof, den Sondergerichten, den SS Polizei-Gerichten und anderen außerordentlichen Gerichten wird uberall im besetzten Gebiet die Gerichtsbarkeit entzogen. Die Wiederaufnahme der Tätigkeit der Straf-unb Zivilgerichte und die Wiedereröffnung der Unterrichts- und Erziehungsanstalten wird genehmigt, sobald die Zustande es zulassen.

IV.

Alle Beamte sind verpflichtet, bis auf Weiteres auf ihren Posten zu verbleiben und alle Befehle und Anordnungen der Militärregierung oder der Alliierten Behörden, die an die deutsche Regierung oder an das deutsche Volk gerichtet sind, zu befolgen und auszufuhren. Dies gilt auch fur die Beamten, Arbeiter und Angestellten sämtlicher öffentlichen und gemeinwirtschaftlichen Betriebe, sowie fur sonstige Personen, die notwendige Tatigkeiten verrichten.

DWIGHT D. EISENHOWER
General of the Army
Oberster Befehlshaber der
Alliierten Streitkräfte

Der erste Aufruf der amerikanischen Streitkräfte an die deutsche Bevölkerung 1945

Amerikanern wieder für dieses Amt zur Verfügung gestellt hatte. Mit Dr. Stadelmayer und einem zuverlässigen und altbewährten Oberinspektor machte sich Dr. Karl Scharnagl als Befehlsempfänger der Militärregierung an die Erledigung der von der Besatzungsmacht zugewiesenen Aufgaben und gleichzeitig auf die Suche nach politisch tragbaren und mit der Verwaltungsarbeit vertrauten Mitarbeitern. Commanding Officer – Direktor der Militärregierung – für München wurde der aus Memphis/Tennessee stammende Colonel Eugene Keller, der von der mütterlichen Seite her »Schwyzer Dütsch« beherrschte. Als dessen Stellvertreter amtierte der New Yorker Anwalt Major Davis S. Blossom, der mit der Legal Section (Justizabteilung) betraut wurde. Die Abteilung Public Safety (Polizeiwesen) versah Major Frank C. Smith, der seit zwanzig Jahren an leitender Stelle in der New Yorker Polizeiverwaltung tätig war.

Zerstörung der Stadt

In das Chaos der allgemeinen Zerstörung war München im letzten Jahr des wahnwitzigen Krieges hineingerissen worden, obwohl schon seit 1940 alliierte Luftangriffe der Stadt schwere und schwerste Wunden zugefügt hatten. Aber erst seit dem mehrtägigen Bombeninferno vom Juli 1944 war das Antlitz der Stadt wirklich entstellt. Bis zum 26. April 1945 warfen immer neue Angriffswellen angloamerikanischer Flugzeuge weiter hunderttausende von Minen, Spreng- und Brandbomben über dem schon zertrümmerten Stadtgebiet ab und vernichteten neben den Wohnstätten der Bevölkerung unersetzliche Kulturdenkmäler. Über 6000 Münchner verloren im Feuersturm und unter zusammenstürzenden Häusern ihr Leben, über 15000 wurden verwundet. Blind und teilnahmslos hatte die Kriegsfurie unter den Menschen und Bauten gewütet,

Männer und Frauen von München!

Im Zug der Besetzung Süddeutschlands durch alliierte Streitkräfte sind mächtige Verbände der amerikanischen Armee im Anmarsch auf München. Die Rohre zahlloser Geschütze sind auf München gerichtet, starke Jabo-Geschwader sind aufstiegbereit für den Einsatz gegen München.

Es wäre Wahnsinn, der amerikanischen Übermacht in diesem Augenblick Widerstand entgegenzusetzen; einen Widerstand, der auf den Ausgang des verlorenen Krieges nicht den geringsten Einfluss mehr haben kann, aber jene letzten Werte vernichten würde, die Euch geblieben sind; einen Widerstand, der Euch um Eure Heimstätten und Euer Hab und Gut bringen würde; einen Widerstand, der nur dem Tod reichere Ernte aus Euren Reihen bringen würde.

Es wäre Wahnsinn, den Amerikanern jetzt noch Widerstand entgegenzusetzen. Sie werden auf jeden Fall in München einmarschieren, wie sie in allen deutschen Städten einmarschiert sind.

Männer und Frauen!

Denkt an Nürnberg und Heilbronn. In diesen Städten haben die Parteifanatiker und verantwortungslose Befehlshaber der Wehrmacht sinnlosen Widerstand geleistet. Die Bevölkerung verlor im Verlauf der letzten Kampftage den Rest ihrer Habe, hatte zahlreiche Tote zu beklagen. Nürnberg und Heilbronn, wie Hunderte von anderen deutschen Städten, mussten kapitulieren.

Männer und Frauen!

Denkt aber auch an die Hunderte von deutschen Ortschaften, in denen die Vernunft über den Wahnsinn siegte: dort wurden die Pläne der Parteifanatiker vereitelt; dort hissten die Einwohner die weisse Fahne, ehe es zu spät war; dort kehren jetzt Millionen von Deutschen allmählich zum Frieden und zu geordneten Verhältnissen zurück.

Vernunft oder Wahnsinn werden auch über das Schicksal Eurer Stadt und damit über Eure Zukunft entscheiden. Es liegt in Eurem Interesse, im Interesse der gesamten Bevölkerung, der Vernunft zum Sieg zu verhelfen. Deshalb: windet den Fanatikern das Heft aus der Hand!

Mut gefasst und gehandelt!

Anweisungen
an die Münchener Bevölkerung

1 Versucht Euer Äusserstes, die Mitglieder der kämpfenden Truppe zur Aufgabe des Widerstandes zu bewegen. Wendet Euch an Offiziere und Beamte, damit sie ihren Einfluss im Interesse der Einstellung des Widerstandes geltend machen.

2 Gewährt Mitgliedern der deutschen Wehrmacht, die Ihr von der Sinnlosigkeit des Widerstandes überzeugt habt, und die den Kampf einstellen wollen, Zuflucht in Euren Häusern und Kellern. Macht sie darauf aufmerksam, dass sie sich aller Waffen entledigen sollen. Nach Einnahme der Stadt müsst Ihr die Behörden sofort von der Anwesenheit deutscher Soldaten verständigen und alle Mitglieder der Wehrmacht und SS den Militärbehörden zuführen.

3 Verweigert Eure Mithilfe an der Zerstörung von Betrieben, Einrichtungen und Bauwerken, die Ihr in der Zukunft für Euer eigenes Leben und Eure eigene Arbeit braucht: Strassen, Brücken, Wasserwerke, Elektrizitätsanlagen, Maschinen, usw. Versucht, die Soldaten von der Zerstörung dieser Einrichtungen abzuhalten.

4 Entfernt vor dem Eintreffen der Amerikaner alle Strassensperren. Entfernt, wenn möglich, Minen und markiert Minenfelder durch deutlich sichtbare Zeichen.

5 Beim Herannahen der amerikanischen Streitkräfte begebt Euch nicht auf die Strassen. Bleibt in Euren Häusern oder Kellern, bis die Behörden anderweitige Anweisungen erteilen.

Haltet weisse Fahnen bereit!

Befestigt weisse Fahnen an deutlich sichtbaren Stellen, Hausgiebeln, Türmen, Fahnenmasten und Schornsteinen, wenn die Wehrmachteinheiten abgezogen sind oder sich zur Übergabe entschlossen haben. Versorgt Wehrmachteinheiten mit weissen Fahnen.

7A–D11

Flugblätter der Amerikaner, die im April 1945 über München abgeworfen wurden

dem Zufall allein war die Entscheidung über Verderb und Erhalt überlassen gewesen. Was Fleiß und Kunstsinn vieler Generationen in Jahrhunderten aufgebaut und gepflegt hatten, war nun ruiniert oder ausgetilgt, in Trümmerhaufen verwandelt, was der Stolz auf die »Kunststadt München« einst hoch gepriesen hatte. Nur zerborstene Gewölbe und Fragmente von Außenmauern markierten das altehrwürdige Kirchenschiff von St. Peter und die in makaberer Schönheit freigestellten schlanken Chorpfeiler des Domes schienen allein zur Stütze des Firmaments bestimmt.

Aufgesprengt war die harmonische Wölbung des Antiquariums inmitten der verwüsteten und vieler kostbarer Interieurs beraubten Residenz. Mußte es da nicht wie ein besonderer Zynismus des Schicksals wirken, daß ausgerechnet die größenwahnsinnigen neuklassizistischen Bauten des Dritten Reichs die Katastrophe nahezu unbeschädigt überstanden hatten? Während die aufgerissenen Baukörper der beiden Pinakotheken, die schwer getroffene Glyptothek und die Ruine der Basilika von St. Bonifaz den unwiederbringlichen Verlust der Kunststätten des ludovizianischen Münchens befürchten ließen, spotteten das Haus der Deutschen Kunst, die Führerbauten und die sogenannten Ehrentempel am Königsplatz unter ihren Tarnnetzen der Zerstörung.

Auch das unmünchnerische Neue Rathaus mit seinem neugotischen Zierrat hatte ohne allzugroße substantielle Einbußen überdauert, während das traditionsreiche Alte Rathaus mit seinem berühmten Tanzsaal in Schutt und Asche gelegt war. Verrußte Fassaden erinnerten an feingliedrige barocke und klassizistische Adelspalais und zerklüftete Umfassungsmauern an die jubilierenden Sakralräume des 17. und 18. Jahrhunderts. Zerbrochen das Tonnengewölbe von St. Michael und versunken der Glanz des Nationaltheaters, vor dessen ausgebrannter Ruine die der tragenden Funktion entpflichteten korinthischen Säulen anklagend in den Himmel wiesen. Die herabgestürzten Quader und der zerschmetterte Figurenschmuck des Siegestors machten deutlich, daß die Niederlage diesmal total und endgültig war und die einer Tempelruine bei Paestum gleichende Ruhmeshalle schien die Abkehr von den überstrapazierten Wertmaßstäben der Vergangenheit zu symbolisieren. München war auf dem Tiefpunkt seiner fast achthundertjährigen Entwicklung angelangt.

Abgestumpft durch die seit vielen Monaten gewöhnten Bilder der Zerstörung und der Trostlosigkeit war bei den Münchnern Ende April 1945 das Bewußtsein dieser herostratischen Kunstvernichtung vorübergehend in den Hintergrund getreten gegenüber den Sorgen um die Sicherung der nackten Existenz. Dem allgemeinen Durcheinander, das die militärische Inbesitznahme Münchens durch die Amerikaner begleitete und das gekennzeichnet war von hemmungslosen Plünderungen und privaten Abrechnungen, folgte nach wenigen Tagen die unvermeidliche Phase der allgemeinen Ratlosigkeit.

Der am 4. Mai 1945 von den Amerikanern als Oberbürgermeister eingesetzte Dr. Karl Scharnagl, den die Nationalsozialisten 1933 aus dem Amt gejagt hatten, faßte in seinem ersten Aufruf an die Bevölkerung Münchens vom 9. Mai 1945 die bedrückende Situation mit diesen Worten zusammen:

Mitbürger!

In der schwersten Zeit, die jemals unsere liebe Stadt München durchzumachen hatte, mußte ich die Leitung der Stadtverwaltung übernehmen. Eine fast unlösbare Aufgabe wurde mir gestellt. Ich bitte um die verständnisvolle, hilfsbereite Mitarbeit der ganzen Bürgerschaft, insbesondere um Nachsicht und Geduld in den allernächsten Tagen. Die Behebung auch der vordringlichsten Mißstände, die Inbetriebsetzung auch der allernächsten Maßnahmen erfordern für jeden einzelnen Fall eine Zusammenarbeit mit den Besatzungsbehörden, um deren Zustimmung und Mithilfe zu erreichen. Die Besatzungsbehörde ist entgegenkommend und wohlwollend. Sie steht aber selbst vor Schwierigkeiten, die wir anerkennen und gelten lassen müssen. Es sind alle Maßnahmen eingeleitet, um die Ruhe und Ordnung, die in den letzten Tagen zu empfindlich gestört waren, wieder sicherzustellen, die bedauernswerten Plünderungen auszuschließen und das Leben und Eigentum der Mitbürger zu schützen.

Ich darf ja mit Sicherheit annehmen, daß alle Kreise der Bevölkerung sich im wohlerwogenen Interesse der Ruhe und der Sicherheit ihres Eigentums von diesen Ausschreitungen und Beschädigungen des Eigentums unserer Mitbürger ferngehalten haben und ich ersuche dringend, dies auch in Zukunft im Auge behalten zu wollen.

Es wäre dagegen erwünscht, wenn die Männer von Wohnblocks und Häuservierteln sich in solchen Situationen in gleicher gegenseitiger Hilfsbereitschaft wie beim Luftschutz zusammenschließen wollten, um diese Störungen der Ruhe im Keime zu ersticken.

Es wird dringend ersucht, daß alle Berufstätigen wieder an ihre Arbeitsstätten zurückkehren und soweit wie möglich ihre Tätigkeit wieder aufnehmen. Für Berufstätige von Zeitungen und Vergnügungsstätten gilt dies erst für den Zeitpunkt des Wiedererscheinens bzw. Inbetriebnahme. Die Inbetriebnahme der Verkehrsmittel ist für die nächsten Tage in Aussicht genommen. Ab Donnerstag, den 10. ds. Mts. ist die Benützung der Fahrräder im ganzen Stadtgebiet ohne weiteren Erlaubnisschein freigegeben. Es wird nochmals strengstens auf die Sperrstunden hingewiesen (19 Uhr bis morgens 6 Uhr), während welcher das Betreten der Straßen der Stadt ohne besonderen Ausweis unter allen Umständen verboten ist. Dieses Verbot gilt für Einheimische wie für Ausländer. Zuwiderhandelnde müssen den Gebrauch der Schußwaffen seitens der Besatzungssoldaten gewärtigen. Vorstehende Zeitangabe, wie alle Zeitangaben der Besatzungsbehörden, sind in der gegenwärtigen Sommerzeit gemacht, die auch die amerikanische Militärzeit ist.
Die Versorgung der Bevölkerung mit Lebensmitteln kann bereits in diesen Tagen durch Zufuhren mit Lastwagen aufgebessert werden. Wir müssen aber damit rechnen, daß in der allgemeinen Regelung Kürzungen hinzunehmen sind, da die Anforderungen, die nach den verschiedensten Richtungen gestellt werden, außerordentlich groß, die Bestände und ihre Verwendungsmöglichkeit aber begrenzt sind. Je weniger die Ordnung gestört wird, umso rascher wird die Versorgung der Bevölkerung mit Lebensmitteln gewährleistet sein.

Der Münchener Sender wird in einigen Tagen in Betrieb genommen. Das Erscheinen von Zeitungen ist ebenfalls in einigen Tagen zu erwarten, ebenso die Eröffnung von Vergnügungsstätten (Lichtspielhäusern u. a.).

Ich bitte um Ruhe, Ordnung und Verständnis für die Schwierigkeit der gegenwärtigen Tage.

München, den 9. Mai 1945.

Dr. Scharnagl

Wohnungssorgen

Noch vor den Ängsten und Nöten der täglichen Existenzsicherung rangierte der Wunsch nach einem festen Dach über dem Kopf. Der Verlust von gut der Hälfte der Münchner Bausubstanz – die angefallenen 5 Millionen cbm Schutt hätten ausgereicht, um daraus zwei Pyramiden im Ausmaß der berühmten, fast 150 m hohen Cheopspyramide zu erstellen – bedeutete ja in erster Linie eine katastrophale Einbuße des Wohnungsbestandes. Die Evakuierungsmaßnahmen während der drei letzten Kriegsjahre, die rund 400000 Menschen betrafen, hatten zwar zu einer der fortschreitenden Zerstörung annähernd adäquaten Entvölkerung des Stadtgebietes geführt, doch wurde das Kriegsende nunmehr als allgemeines Signal zur Rückkehr angesehen. Die verständliche Rückwanderungsbewegung der Evakuierten war unaufhaltsam und amtlicherseits nicht einzudämmen. Das von der Militärregierung zunächst ausgesprochene Zuzugsverbot, bei gleichzeitiger Festlegung eines maximalen Bevölkerungsstandes von 520000, wurde so gut wie nicht beachtet. Zusätzlich aber drängten bald tausende von DP's (displaced persons), wie man die ehemaligen Zwangsarbeiter nun nannte, und die erschöpften Insassen von Konzentrationslagern in die wenigen, noch einigermaßen intakten Wohnungen. Als Verfolgte des NS-Regimes beanspruchten sie bei der Wohnraumzuweisung eine Bevorzugung und setzten ihre Ansprüche gegebenenfalls auch durch Selbsthilfeaktionen durch.

Die in München endenden Transporte mit Heimatvertriebenen warfen zusätzliche Unterbringungsprobleme auf,

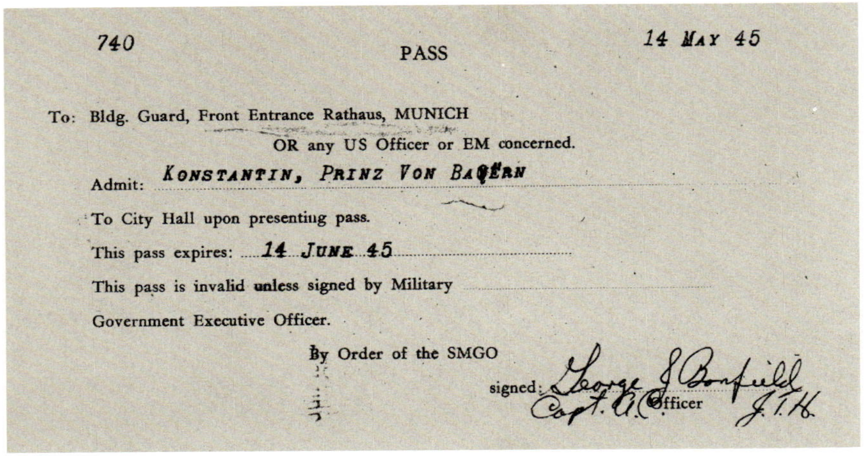

740 PASS 14 MAY 45

To: Bldg. Guard, Front Entrance Rathaus, MUNICH
OR any US Officer or EM concerned.

Admit: KONSTANTIN, PRINZ VON BAYERN

To City Hall upon presenting pass.

This pass expires: 14 JUNE 45

This pass is invalid unless signed by Military Government Executive Officer.

By Order of the SMGO

signed: George J. Bonfield
Capt. A. C. Officer J. T. H.

Passierschein zum Betreten des Rathauses, ausgestellt von der Militärregierung am 14.05.1945

und schließlich stellte die Besatzungsmacht selbst Anspruch auf angemessenen Wohnraum. All diesen Anforderungen konnte die Stadtverwaltung schließlich nur noch durch exakte Erfassung und rigorose Zwangsbewirtschaftung nachkommen. Zwangsmaßnahmen richteten sich insbesondere gegen die einstigen Mitglieder der NSDAP, deren Wohnungen im Rahmen eines »Notgesetzes zur Sicherung eines angemessenen Raumausgleichs« vom 25. Oktober 1945 beschlagnahmt werden konnten. Auch mehr oder weniger harmlose »Mitläufer« mußten oft Hals über Kopf Haus oder Wohnung räumen und unter Zurücklassung des vom Nachmieter beanspruchten Mobiliars in Ersatzunterkünfte und Massenquartiere ausweichen.

Allgemein war bekannt, »daß die Entnazifizierung des Wohnraums nirgends so scharf betrieben wird, wie in Bayern, besonders in München«.

Ohne Unterschied der Partei- oder Nichtparteizugehörigkeit wurden die Bewohner der geschlossenen Einfamilienhaussiedlung »Kaltherberge« ausquartiert, um Platz zu schaffen für zwangsverschleppte oder nach Kriegsende zugewanderte Ausländer aus dem Osten. Auftretende Mißstände und die zunehmende Verwahrlosung der Siedlung führten zu einer bemerkenswert mutigen Stellungnahme

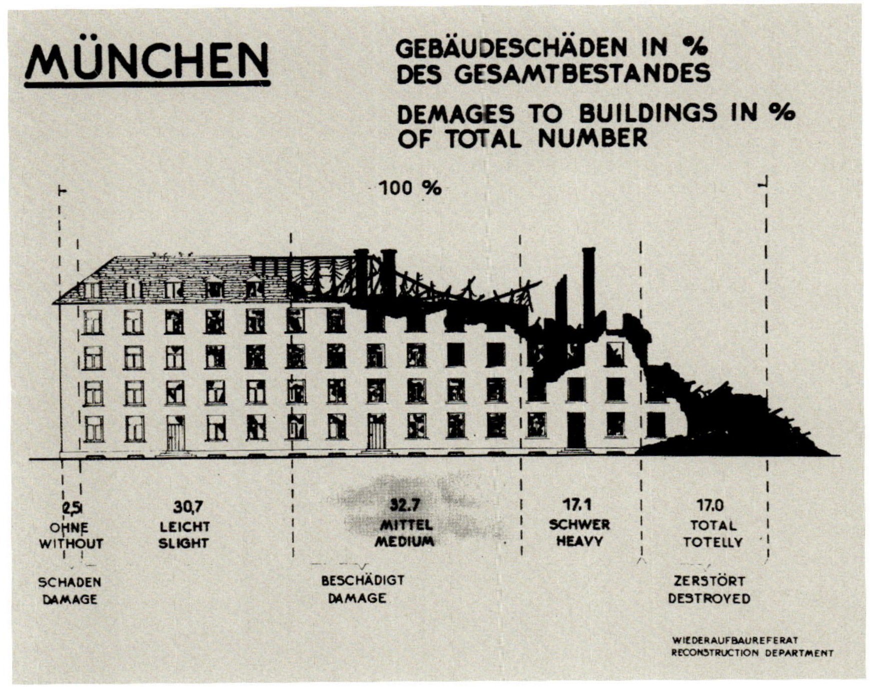

Graphische Darstellung des Wiederaufbaureferates über die Gebäudeschäden 1949

Die Münchner Schuttberge als zwei Cheopspyramiden. Zeichnung 1949

Off Limits-Anschlag, der den deutschen Hauseigentümern das Betreten ihres Besitzes untersagte. 1946/47

von Oberbürgermeister Scharnagl (abgedruckt im Stadtanzeiger vom 11. Dezember 1946), die aber ohne Wirkung blieb.

In Harlaching, in Ramersdorf, am Waldfriedhof, in Solln und in Obermenzing setzte die amerikanische Besatzungsmacht ohne viel Federlesens ihre Wohnungswünsche durch. Innerhalb von drei Tagen hatten die Eigentümer ihre Villen und Einfamilienhäuser samt Einrichtung der Militärregierung zu überlassen; neue Bewohner waren amerikanische Offiziere und Soldaten und ihre nach und nach aus Amerika eintreffenden Familienangehörigen.

Der nicht abreißende Menschenzuwachs – München hatte in den Jahren nach Kriegsende den größten Bevölkerungszustrom aller kriegszerstörten Städte der Westzonen zu verzeichnen – und die dadurch bedingte Zusammendrängung vieler Menschen in knapp bemessenem und durchwegs reparaturbedürftigem Wohnraum führten zwangsläufig zu schlimmen sozialen, hygienischen und moralischen Verhältnissen. Gefährliche und ungesunde Ruinenunterkünfte, nicht beheizbare Kellerquartiere, primitive Barackenwohnungen und qualvoll überbelegte Elendsbehausungen waren und blieben Jahre hindurch für viele Münchner das Zuhause. An eine systematische Verbesserung der Wohnungssituation war in den ersten Nachkriegsjahren

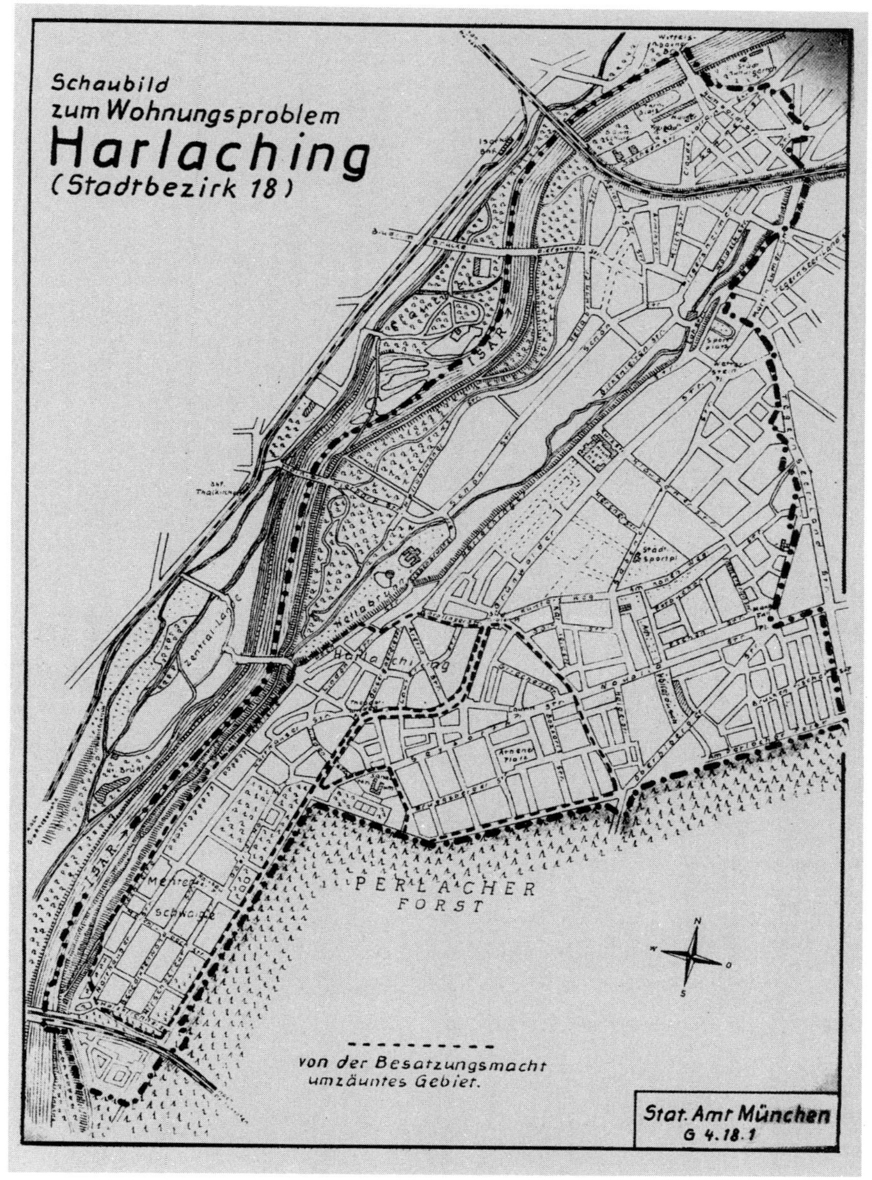

Plan von Harlaching, der das beschlagnahmte Gebiet darstellt. 1946

nicht zu denken. Die verhältnismäßig geringen zur Verfügung stehenden Baustoffmengen reichten lediglich für einfachste Ausbesserungsarbeiten, nicht jedoch für Aufbauvorhaben und Neubaumaßnahmen. Erst nach 1949 sollte sich das Schwergewicht der Bautätigkeit auf die Neuerrichtung von Gebäuden verschieben.

Instructions to Civilian Population

Militärregierung – Deutschland

Kontroll-Gebiet des Obersten Befehlshabers

BEKANNTMACHUNG

Artikel 1 – Personen-Verkehr

Bis auf weiteres darf niemand die Grenzen dieser Stadt überschreiten, ohne daß er von der Militärregierung eine schriftliche Erlaubnis erhalten hat.

Artikel 2 – Ausgangsbeschränkung

Die Zivilbevölkerung von München kann sich nur in den Stunden zwischen 6 Uhr morgens und 7 Uhr abends auf den Straßen aufhalten. Diese Bestimmungen beziehen sich auf alle Personen, auch frühere Kriegsgefangene, gleichgültig welcher Staatsangehörigkeit.

Artikel 3 – Fahrzeug-Verkehr

Vorläufig kann keine Person weder ein Auto, Motorrad oder Fahrrad auf den Straßen benutzen, ohne vorher eine schriftliche Erlaubnis hierfür von der Militärregierung erhalten zu haben.

Artikel 4 – Strafen

Jeder Verstoß gegen die Vorschriften dieser Bekanntmachung wird durch ein Gericht der Militärregierung empfindlich bestraft werden.

Im Auftrage der Militärregierung.

WARNUNG!

Eine Militärregierung wurde eingesetzt, die ihre Autorität mit fester Hand ausüben wird.
Verstöße gegen Proklamationen, Gesetze, Verordnungen, Bekanntmachungen oder Befehle werden durch ein Gericht der Militärregierung empfindlich bestraft werden. Das Gericht der Militärregierung kann in bestimmten Fällen die TODESSTRAFE verhängen, einschließlich: Spionage; Sabotage; Unterbrechung von Leitungsdrähten jeder Art; Schießen aus dem Hinterhalt; Tötung oder Körperverletzung, begangen an Mitgliedern der Alliierten Mächte; jede Verbindung mit Personen in dem von den Alliierten Mächten noch unbesetzten Gebiete Deutschlands; Plünderung; Raub; Brandschatzung oder Beutemachen; andere feindselige Akte, welche die Alliierten Mächte hindern oder stören.

Bekanntmachung der Militärregierung. Mai 1945

Öffentliche Sicherheit

Der totale Zusammenbruch der nationalsozialistischen Herrschaft hatte ein Machtvakuum geschaffen, das die Militärbehörden nicht ausfüllen konnten. Beutegieriger Straßenmob und aus Lagern und Gefängnissen befreite Kriminelle tyrannisierten in den ersten Wochen die Bevölkerung, für die weder eine Polizei, noch eine Staatsanwaltschaft, noch Gerichte existierten. Dementsprechend ereigneten sich zwischen Mai und Juni 1945 in München allein 155 Morde, während zwischen 1939 und 1945 in ganz Oberbayern – die politischen Morde des NS-Regimes nicht berücksichtigt – insgesamt nur 100 Morde aufgenommen worden waren. Daneben erfolgten im selben Zeitraum 1334 gemeldete Raubüberfälle und 6048 zur Anzeige gebrachte Einbruchdiebstähle. Die von den Nationalsozialisten zur brutalen Durchsetzung ihres Terrorsystems mißbrauchte deutsche Polizei war für die Amerikaner zunächst kein Partner bei der Verbrechensbekämpfung, und es dauerte einige Wochen, bis zumindest ein provisorischer Polizeidienst wiederhergestellt werden konnte.

Für den Neuaufbau der Münchner Polizei waren die Richtlinien der Militärregierung maßgebend, denenzufolge eine Dezentralisierung des Polizeiwesens zugunsten eines lokalen Wirkungskreises festgelegt wurde. Dies hatte zur Folge, daß die Münchner Polizei dem Leiter der zivilen Verwaltung, also dem Oberbürgermeister, unterstellt wurde. Das Zugeständnis der Amerikaner, mit Rücksicht auf die sich häufenden Kapitalverbrechen ab Juni 1945 wieder 1500 Mann in Dienst zu stellen, ohne Rücksicht darauf, ob die politische Überprüfung der Beamten abgeschlossen war oder nicht, brachte zunächst zumindest für den Kriminalbereich eine spürbare Entlastung. Bald aber zeigte sich, daß nur wenige der altgedienten und erfahrenen Beamten noch politisch tragbar waren, hatten doch immerhin rund 60 Prozent aller Münchner Polizeibeamten der NSDAP und ihren Gliederungen angehört. Zu den personellen Problemen gesellte sich von Anfang an die Raumfrage: von 400 einst vorhandenen Amtsräumen des Polizeipräsidiums waren bei Kriegsende 220 völlig zerstört und nur noch 16 gut erhalten. Unter schwierigsten Bedingungen mußten in den ersten Wochen nach dem Einmarsch der Sieger die zahllosen Hilferufe der bedrängten Bevölkerung aufgenommen und an die Militärregierung weitergeleitet werden. Die angezeigten Verbrechen, worunter besonders die hemmungslose Plünderung von Lagerhäusern und Geschäften hervorstach, konnten lediglich registriert, keineswegs aber verhindert oder aufgeklärt werden. Auch nach der Wiederaufnahme des Polizeibetriebs waren Außenbeamte dem gesetzlosen Treiben gegenüber mehr oder weniger machtlos, da sie selbst keine Waffen tragen durften – von den Amerikanern war ihnen nur ein Holzstab zugestanden worden – während die Kriminellen sich in Kasernen und Zeugämtern reichlich mit Schußwaffen und Munition eingedeckt hatten. Immer wieder ist in den Akten von bewaffneten Plünderungen zu lesen, von Raubüberfällen und – was besonders zeittypisch war – von der willkürlichen Abnahme von Fahrrädern durch Militär- und Zivilpersonen. In einigen Fällen wurde selbst den mit weißen Armbinden gekennzeichneten Polizisten das Dienstfahrrad weggenommen.

Ein amtliches Schreiben aus Aubing berichtet am 24. Mai 1945 über die dortigen Zustände:

»Die Bedrohung der öffentlichen Sicherheit wird in letzter Zeit immer stärker. Die hier in den Lagern untergebrachten Ausländer, zum größten Teile Russen, kommen immer mehr zu der Überzeugung, daß die Diebstähle, Räubereien und Plündereien für sie erlaubt sind und von ihnen ungestraft durchgeführt werden können. Erschwerend wirkt dabei, daß diese Leute mit allen möglichen und unmöglichen Waffen ausgestattet sind und daß sie vom Gebrauch der Waffen in keinem Falle zurückschrecken.
Es war begreiflich, daß sie nach dem Einmarsch der amerikanischen Truppen alle vorhandenen Lebensmittellager geplündert und dabei die Lebensmittel in ungeheuren Mengen vernichtet, zum Teil an Deutsche verschachert haben... Jetzt geht aber die Plünderung über auf Privathaushalte, und zwar wird alles mögliche gestohlen – Schmuck, Uhren, Ringe, Fahrräder, Lebensmittel. Vieh wird zu jeder Tages- und Nachtzeit aus den Ställen geholt. In den Geschäften wird die Abgabe aller Lebensmittel ohne Marken gefordert. Derjenige Geschäftsmann, der sie nicht gewähren läßt, hat nicht bloß mit Plünderung und Beschädigungen zu rechnen, sondern muß auch gewährtig sein, daß er selbst beseitigt wird... Sollte nicht sofort Hilfe gewährt werden, ist für Aubing das allerschlimmste zu befürchten. Eine Abhilfe wäre nur möglich, wenn diesen Lagerinsassen endlich gezeigt würde, daß diese Vergehen nicht stillschweigend geduldet werden und daß eine rest-

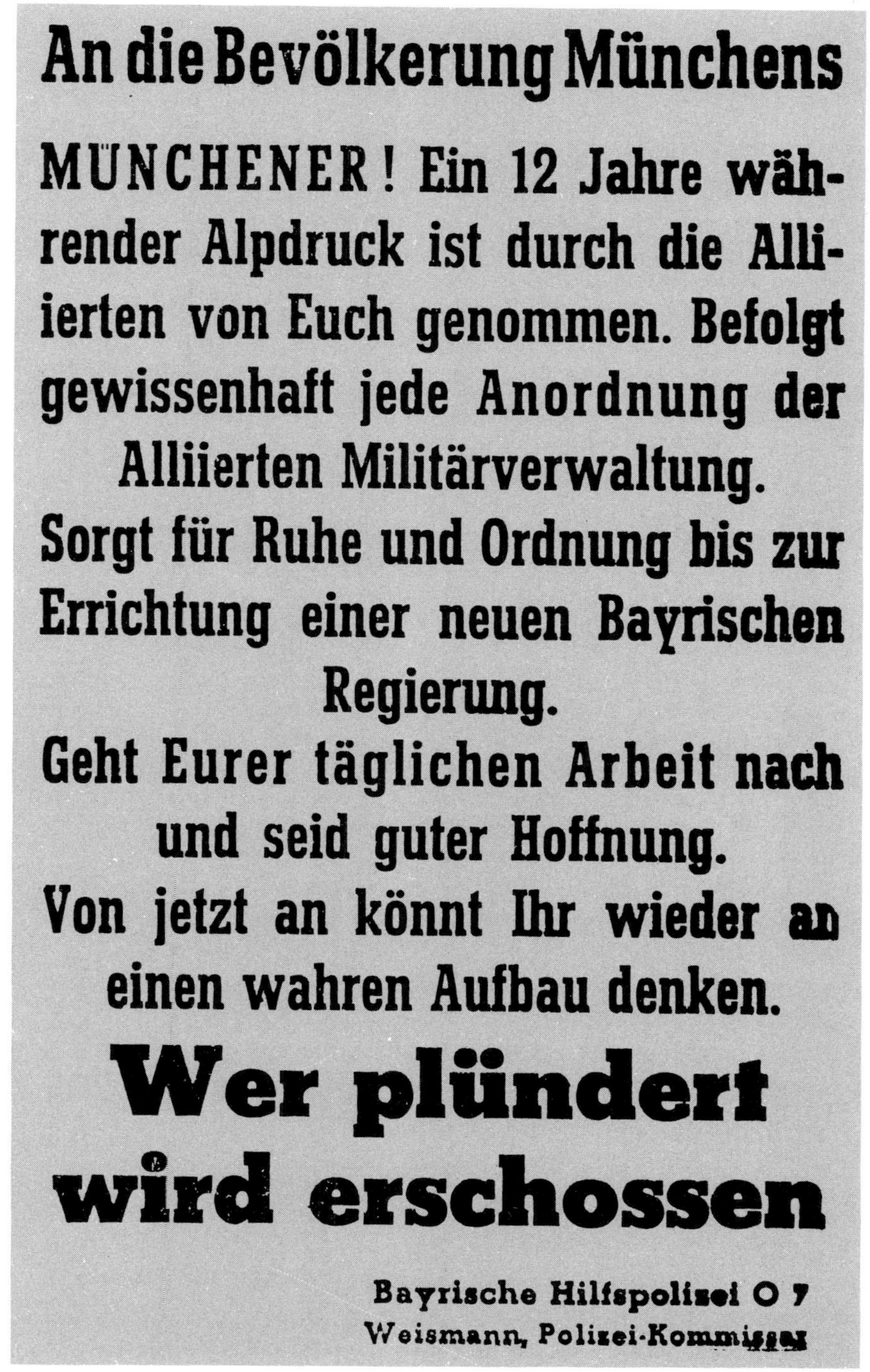
An die Bevölkerung Münchens

MÜNCHENER! Ein 12 Jahre währender Alpdruck ist durch die Alliierten von Euch genommen. Befolgt gewissenhaft jede Anordnung der Alliierten Militärverwaltung.
Sorgt für Ruhe und Ordnung bis zur Errichtung einer neuen Bayrischen Regierung.
Geht Eurer täglichen Arbeit nach und seid guter Hoffnung.
Von jetzt an könnt Ihr wieder an einen wahren Aufbau denken.

Wer plündert wird erschossen

Bayrische Hilfspolizei O 7
Weismann, Polizei-Kommissar

Aufruf der Polizei an die Bevölkerung. Mai 1945

lose Entwaffnung durchgeführt wird und die Sperrzeit auch von diesen Leuten eingehalten werden muß.«

Aber es wäre ungerecht, den Anstieg der Kriminalität allein den ausländischen Lagerinsassen anzulasten. Bodenständiges Ganoven- und Gaunertum nützte ebenfalls die Gunst der Stunde. Mit gefälschten Papieren versehen und durch Kleidung und Aufmachung als ehemalige Verfolgte getarnt, beteiligte sich auch die Münchner Unterwelt an den Beutezügen. Selbst der bescheidene Mundvorrat der Kleingärtner und die Habseligkeiten alter und hilfloser Menschen wurden rücksichtslos requiriert.

Im Wochenbericht der Münchner Polizei vom 8. Juli 1945 wird u. a. berichtet: »Bei der Überraschung von Kellereinbrechern wurde ein Wachtmeister der Schutzmannschaft von den fliehenden Einbrechern durch Pistolenschüsse erheblich verletzt. Die Beraubung von Heimgärten und Gärtnereien hält an. Die Besitzer sind inzwischen – soweit möglich – zur Selbsthilfe geschritten, haben Nachtwachen eingeführt und vertreiben die Plünderer durch Schreien und Lärminstrumente. Manchmal hilft es, manchmal nicht. Aufgefallen sind in den letzten Tagen ehemalige wirkliche und angebliche KZ-Häftlinge, die in den Wohnungen meist alleinstehender Frauen erschienen und dort Kleidungsstücke, Wäsche, Fahrräder usw. fordern. Bei Verweigerung werden sie gewalttätig und nehmen die Gegenstände weg. Hin und wieder verlassen sie die Wohnungen überhaupt nicht mehr, sondern quartieren sich unter Drohungen dort ein... Es wurde festgestellt, daß frühere kriminelle KZ-Häftlinge ihre KZ-Kleidung gegen namhafte Beträge verkaufen, um anderen die Möglichkeit zu geben, sich als ehemalige KZ-Häftlinge auszugeben.«

Trotz aller Schwierigkeiten und trotz der augenfälligen Machtlosigkeit der neuen Münchner Polizei begannen sich im Lauf des Jahres 1945 die Verhältnisse zu stabilisieren. Dank des Entgegenkommens des »Public Safety Office« konnten 20 Reviere, hauptsächlich in den Außenbezirken, mit je zwei Gewehren ausgestattet werden. Diese Waffen standen in besonderen Notfällen zur Verfügung. Hilfreich war auch, daß bei den »Security Patrols« der Amerikaner deutsche Polizeibeamte mit eingesetzt wurden. Diese gemischten Einsätze stellten bald eine starke Beunruhigung der lichtscheuen Elemente dar und wirkten sich sehr positiv auf die öffentliche Sicherheit aus.

Die weitgehende Machtlosigkeit der deutschen Polizei in den ersten Nachkriegsjahren hatte auch eine gute Seite. Die Münchner, die über viele Jahre hinweg an die grenzenlose Macht des NS-Polizeiapparats gewöhnt waren, begannen nun zu lernen, daß Polizei weniger auf der Autorität des Staates und der Gewalt der Waffen, sondern vielmehr auf dem Vertrauen und der Mithilfe der gutgesinnten Bürger gründen muß. Der im Dezember 1945 geäußerte Grundsatz des Münchner Polizeipräsidenten Pfitzer: »Die Polizei kommt aus dem Volke, die Polizei ist für das Volk da und bleibt, weil sie Freund und Helfer des Volkes sein soll, beim Volk«, war ein hoffnungsvoller Anfang.

Die wirtschaftliche Lage

Die schon zu Beginn des Jahres 1945 kritische Rohstofflage in München hatte sich durch die militärische Entwicklung der ersten drei Monate des letzten Kriegsjahres rapide zugespitzt. Die Zerstörung der süddeutschen Eisenbahnlinien durch die alliierten Bombenangriffe und die in letzter Minute deutscherseits vorgenommenen Bahn- und Brükkensprengungen im Frontbereich hatten die Landeshauptstadt Ende April von der Provinz und den wichtigsten Zubringergebieten abgeschnürt.

Das plötzliche Ende des »totalen Krieges« ließ die akuten Versorgungsprobleme nur für einen winzigen Moment in den Hintergrund treten. Nach der ersten Bestandsaufnahme von Verlust und Schaden schoben sich bei den Münchnern die Alltagssorgen wieder in den Vordergrund, begann die mühselige Organisation von Lebensmitteln und Bekleidungsgegenständen. Wer über ländliche Ver-

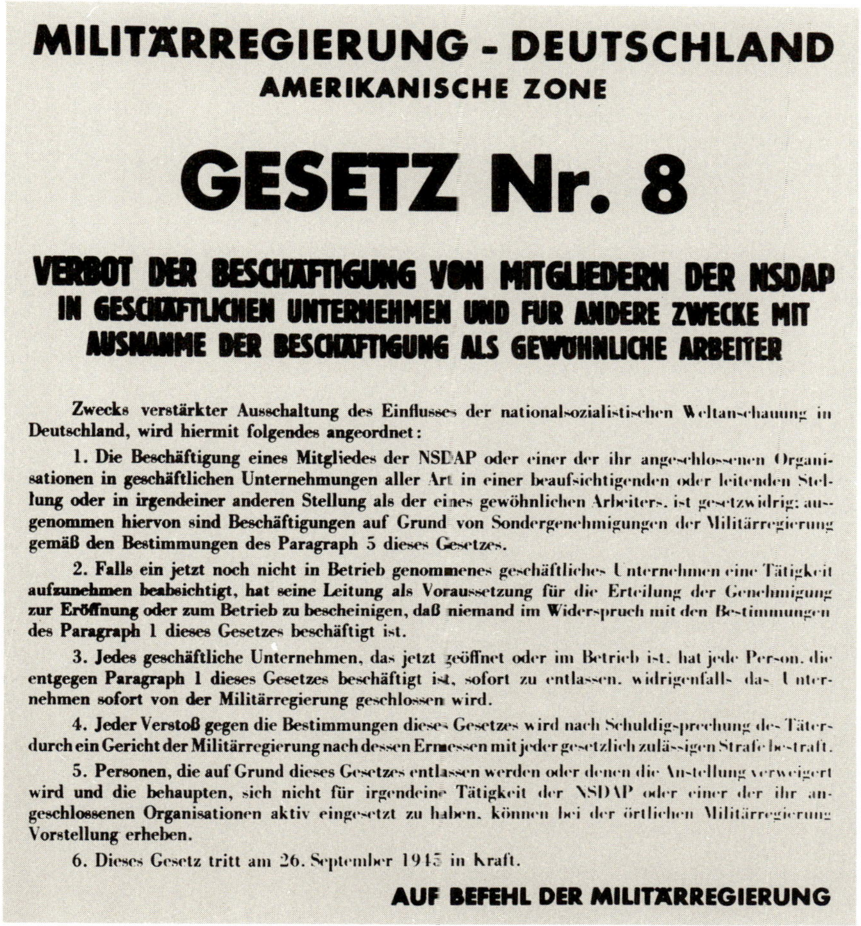

MILITÄRREGIERUNG - DEUTSCHLAND
AMERIKANISCHE ZONE

GESETZ Nr. 8

VERBOT DER BESCHÄFTIGUNG VON MITGLIEDERN DER NSDAP IN GESCHÄFTLICHEN UNTERNEHMEN UND FÜR ANDERE ZWECKE MIT AUSNAHME DER BESCHÄFTIGUNG ALS GEWÖHNLICHE ARBEITER

Zwecks verstärkter Ausschaltung des Einflusses der nationalsozialistischen Weltanschauung in Deutschland, wird hiermit folgendes angeordnet:

1. Die Beschäftigung eines Mitgliedes der NSDAP oder einer der ihr angeschlossenen Organisationen in geschäftlichen Unternehmungen aller Art in einer beaufsichtigenden oder leitenden Stellung oder in irgendeiner anderen Stellung als der eines gewöhnlichen Arbeiters, ist gesetzwidrig; ausgenommen hiervon sind Beschäftigungen auf Grund von Sondergenehmigungen der Militärregierung gemäß den Bestimmungen des Paragraph 5 dieses Gesetzes.

2. Falls ein jetzt noch nicht in Betrieb genommenes geschäftliches Unternehmen eine Tätigkeit aufzunehmen beabsichtigt, hat seine Leitung als Voraussetzung für die Erteilung der Genehmigung zur Eröffnung oder zum Betrieb zu bescheinigen, daß niemand im Widerspruch mit den Bestimmungen des Paragraph 1 dieses Gesetzes beschäftigt ist.

3. Jedes geschäftliche Unternehmen, das jetzt geöffnet oder im Betrieb ist, hat jede Person, die entgegen Paragraph 1 dieses Gesetzes beschäftigt ist, sofort zu entlassen, widrigenfalls das Unternehmen sofort von der Militärregierung geschlossen wird.

4. Jeder Verstoß gegen die Bestimmungen dieses Gesetzes wird nach Schuldigsprechung des Täters durch ein Gericht der Militärregierung nach dessen Ermessen mit jeder gesetzlich zulässigen Strafe bestraft.

5. Personen, die auf Grund dieses Gesetzes entlassen werden oder denen die Anstellung verweigert wird und die behaupten, sich nicht für irgendeine Tätigkeit der NSDAP oder einer der ihr angeschlossenen Organisationen aktiv eingesetzt zu haben, können bei der örtlichen Militärregierung Vorstellung erheben.

6. Dieses Gesetz tritt am 26. September 1945 in Kraft.

AUF BEFEHL DER MILITÄRREGIERUNG

Gesetz Nr. 8 der Militärregierung Deutschland, betreffend das Verbot der Beschäftigung von NSDAP-Mitgliedern vom 26. September 1945

wandtschaft oder Beziehungen verfügte, mußte sich ihrer zwangsläufig erinnern und versuchte auf abenteuerlichen »Hamsterfahrten« Nahrung direkt vom Erzeuger herbeizuschaffen.

In der Stadt herrschte ein allgemeiner Arbeitskräftemangel. Die von den Amerikanern nur zögernd entlassenen deutschen Kriegsgefangenen waren entweder aufgrund ihrer gesundheitlichen Verfassung für schwerere körperliche Arbeit nicht geeignet, oder sie suchten unmittelbar nach ihrer Entlassung eine Beschäftigung auf dem Lande, um in bäuerlichen Betrieben die Ernte und die eigene Existenz zu

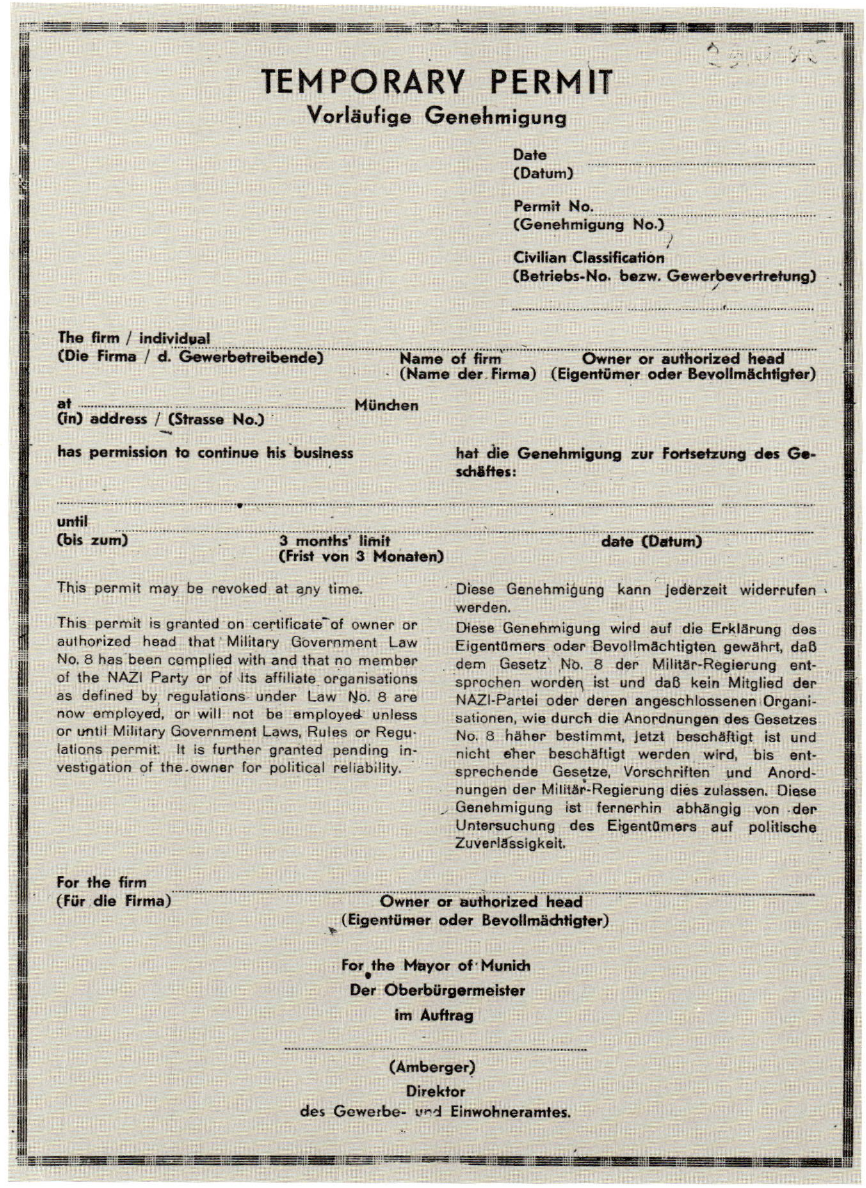

TEMPORARY PERMIT
Vorläufige Genehmigung

Date
(Datum)

Permit No.
(Genehmigung No.)

Civilian Classification
(Betriebs-No. bezw. Gewerbevertretung)

The firm / individual
(Die Firma / d. Gewerbetreibende) Name of firm (Name der Firma) Owner or authorized head (Eigentümer oder Bevollmächtigter)

at ... München
(in) address / (Strasse No.)

has permission to continue his business — hat die Genehmigung zur Fortsetzung des Geschäftes:

until
(bis zum) 3 months' limit (Frist von 3 Monaten) date (Datum)

This permit may be revoked at any time.

This permit is granted on certificate of owner or authorized head that Military Government Law No. 8 has been complied with and that no member of the NAZI Party or of its affiliate organisations as defined by regulations under Law No. 8 are now employed, or will not be employed unless or until Military Government Laws, Rules or Regulations permit. It is further granted pending investigation of the owner for political reliability.

Diese Genehmigung kann jederzeit widerrufen werden.

Diese Genehmigung wird auf die Erklärung des Eigentümers oder Bevollmächtigten gewährt, daß dem Gesetz No. 8 der Militär-Regierung entsprochen worden ist und daß kein Mitglied der NAZI-Partei oder deren angeschlossenen Organisationen, wie durch die Anordnungen des Gesetzes No. 8 häher bestimmt, jetzt beschäftigt ist und nicht eher beschäftigt werden wird, bis entsprechende Gesetze, Vorschriften und Anordnungen der Militär-Regierung dies zulassen. Diese Genehmigung ist fernerhin abhängig von der Untersuchung des Eigentümers auf politische Zuverlässigkeit.

For the firm
(Für die Firma) Owner or authorized head (Eigentümer oder Bevollmächtigter)

For the Mayor of Munich
Der Oberbürgermeister
im Auftrag

(Amberger)
Direktor
des Gewerbe- und Einwohneramtes.

Formular für eine vorläufige Genehmigung zur Führung eines Betriebs, Herbst 1945

sichern. Das am 26. September 1945 in Kraft getretene Gesetz Nr. 8 reinigte die Schlüsselpositionen in Handel und Industrie von ehemaligen Nationalsozialisten, eine Maßnahme, die teilweise schwerwiegende Folgen nach sich zog. Denn nun mußte man langjährige Mitarbeiter,

An alle Münchner Betriebe!

Zur Erstellung einer Betriebskartei haben sämtliche Münchner Betriebe eine Meldung zu erstatten mit folgenden Angaben:

1. Name und Sitz des Betriebes mit genauer Anschrift und Fernsprechnummer,
2. Name des Betriebsinhabers oder seines Stellvertreters und dessen private Wohnanschrift,
3. Art des Betriebes,
4. Zahl der Beschäftigten, aufgegliedert nach Berufsarten, das heißt: Eine Metallwarenfabrik muß hier zum Beispiel angeben:

   10 Schlosser, 3 Spengler, 2 Elektromonteure, 1 Schmied, 1 Dreher, 10 Hilfsarbeiter, 1 Kraftfahrer, 4 kaufmännische Angestellte usw.

Die Meldungen sind schriftlich zu erstatten und durch Boten sofort im Arbeitsamt München, Thalkirchner Straße 54, Zimmer 302 und 309 im dritten Stock abzugeben.

Ausgenommen von der Meldepflicht sind die Behörden, die städtischen Betriebe, Reichsbahn und Post. Alle übrigen Betriebe der Industrie, des Handels und des Handwerks, der Versicherungen und Banken haben die Meldung zu erstatten.

Auf Befehl der Militär-Regierung

Aufforderung an alle Münchner Betriebe, sich für eine Betriebskartei beim Arbeitsamt zu melden. 1945

die mit der technischen Leitung und der Überwachung der Betriebe vertraut waren, entlassen, ohne daß dafür ein auch nur hinreichender Ersatz zu finden war. Der den ehemaligen Parteigenossen noch zugebilligte Status von gewöhnlichen Arbeitern konnte von diesen nicht ausgefüllt werden, da die meisten an Handarbeit nicht gewöhnt waren.

In München begann die Produktion nur unter größten Schwierigkeiten wieder anzulaufen. Mit Rücksicht auf die Brennstoff- und Materiallage erteilten die Amerikaner nur sehr zurückhaltend Betriebsgenehmigungen. Lediglich der dringendste Reparaturbedarf sollte abgedeckt werden. Beschlagnahmung von Rohstoffen und Baumaterialien durch die Besatzungsmacht und alliierte Demontagepläne für verschiedene Großbetriebe führten nach den unbestimm-

Registrierung
bei den Arbeitsämtern

Alle meldepflichtigen Frauen, die zum Zwecke ihrer Registrierung im Arbeitsamt München, Thalkirchner Straße 54, einen Arbeitsbuchantrag abgegeben haben, können die zur Vorlage bei den Verteilungsstellen für die 81. Verteilungsperiode erforderliche Meldekarte unter Vorlage des Registrierscheines in der Woche vom 1. mit 6. Oktober 1945 in der Thalkirchner Straße 54 abholen und zwar:

Montag,	den 1. Oktober	Buchstabe	A, B, C, D, E
Dienstag,	den 2. „	Buchstabe	F, G, H, I, J
Mittwoch,	den 3. „	Buchstabe	K, L, M
Donnerstag,	den 4. „	Buchstabe	N, O, P, Qu, R
Freitag,	den 5. „	Buchstabe	S, Sch, St, T
Samstag,	den 6. „	Buchstabe	U, V, W, X, Y, Z.

Sämtliche Frauen, die in der Woche vom 1. bis 6. Oktober 1945 eine Meldekarte ausgehändigt erhalten, haben sich in der Zeit zwischen dem 15. Oktober und 6. November 1945 in der für sie zuständigen Zweigstelle nach folgender alphabetischer Ordnung zu melden:

In der Woche vom 15. mit 22. Oktober . . Buchstabe A mit I
in der Woche vom 24. mit 29. Oktober . . Buchstabe K mit R
in der Woche vom 1. mit 6. November . . Buchstabe S mit Z.

Bei dieser Meldung wird festgelegt, wie oft und an welchen Tagen die Meldung künftig zu erfolgen hat.

Damit alle beschäftigten Männer und Frauen den für die Verteilungsstelle erforderlichen Nachweis erhalten, werden die Betriebsführer nochmals darauf hingewiesen, diese Bestätigungen, die Postkartengröße haben müssen, mit den vom Arbeitsministerium festgelegten vollständigen Angaben zu versehen:

Es ist anzugeben:

„Name und Vorname, Geburtsdatum, Wohnung, erlernter Beruf, beschäftigt als ____ , beschäftigt bei ____ , seit ____ , versichert bei der Krankenkasse ____ , nicht versichert weil ____ , erwerbsbeschränkt durch ____ , Sprachkenntnisse ____ . Mein Betrieb arbeitet. Ich bin davon unterrichtet, daß falsche Angaben nach den Bestimmungen der Militärregierung bestraft werden."

München, den 29. September 1945.

Der Leiter des Arbeitsamtes München

gez. F. Wurzinger

MÜNCHNER PLAKATDRUCKEREI WÜRM

Aufforderung des Arbeitsamtes an alle meldepflichtigen Münchner Frauen, 29. September 1945

ten Hoffnungen der ersten Wochen bald zu einer allgemeinen Ernüchterung und Depression. Die kriegsbedingte Zerstörung der Produktionsmittel und des Fuhrparks, der

Hinweis auf einen beschlagnahmten Industriebetrieb. 1945.

Übersetzung: Diese Fabrikanlage ist zum Wiedergutmachungsobjekt deklariert. Das ganze Material, alle Maschinen, Werkzeuge und die Einrichtung sind Eigentum der US-Regierung und können nicht beschlagnahmt oder requiriert werden.

gänzliche Mangel an Reparaturteilen, das Fehlen von Brenn- und Treibstoff und die nur langsam und abschnittsweise mögliche Wiederherstellung der teilweise unterbrochenen Wasser- und Gaszufuhr legten viele Betriebe völlig lahm. Der sprunghaft erhöhte Strombedarf der Bevölkerung – Brennstoffmangel zwang die meisten Haushalte zur Umstellung auf diesen Energieträger – führte zu unausweichlichen Zusammenbrüchen des Netzes und zu immer häufigeren »Stromsperren«, wodurch bestimmte Produktionszweige zu einem unbefriedigenden und uneffektiven Dahinsiechen verurteilt waren.

Was noch produziert wurde, kam überdies nur in den seltensten Fällen der einheimischen Bevölkerung zugute. So arbeiteten die Betriebe der Münchner Bekleidungsindustrie zunächst ausschließlich für die Versorgung der verschleppten Ausländer. Die geringe Erzeugung von Schuhwaren in Oberbayern im Jahr 1945 war beinahe gänzlich von der für die Verschleppten zuständigen UNRRA (United Nations Relief and Rehabilitation Administration) beschlagnahmt worden. Besonders drückend mußte man gerade in München das anfangs Oktober 1945 erlassene

Bitte eines Ladenbesitzers um Rohstoffe zur Weiterverarbeitung. 1945

Siedeverbot für die Brauindustrie empfinden. In einem der von der Industrie- und Handelskammer erstellten Berichte zur wirtschaftlichen Lage heißt es dazu u. a.: »Für die Auslieferung von Milch und anderen landwirtschaftlichen Produkten ist die Frage der Bierversorgung des Landes besonders wichtig, denn fehlt das Bier, dann wird mehr Milch von der bäuerlichen Bevölkerung selbst konsumiert«.

Ebenso besorgt zeigt man sich bei der Industrie- und Handelskammer bereits Ende 1945 über ein strukturelles Problem, das über viele Jahre hinweg noch die Gemüter erhitzen sollte: die Flüchtlingsfrage: »Der Andrang von Flüchtlingen aus der gesamten russischen Okkupationszone nach Übernahme von Geschäften, wie auch zu treuhänderischer Betätigung ist außerordentlich, und es erhebt sich die bange Frage, inwieweit alteingesessene bayerische Unternehmen in Zukunft noch von einheimischen Kräften geführt und verwaltet werden können. Die aus dem russischen Raum kommenden Flüchtlinge behaupten auffallenderweise, alle niemals der Partei oder ihren Gliederungen angehört zu haben, so daß der Verdacht entsteht, daß sie sich in Hoffnungen wiegen, daß ihre politische Vergangenheit von hier aus nicht überprüft werden kann. Auch ist es ungemein schwer, ihre Angaben über ihre bisherige wirtschaftliche Betätigung und Fähigkeiten nachzuprüfen, so daß weitere Gefahr besteht, daß kommissarisch verwaltete Betriebe heruntergewirtschaftet werden. So wichtig es ist, aktiv gewordene Parteimitglieder zu entfernen, so notwendig ist es aber auch, alles zu tun, um für die Firmeninhaber den einheimischen Einfluß sicherzustellen.« Befürchtungen, die sich letztlich als unbegründet erwiesen. Denn dem Fleiß der Heimatvertriebenen verdankte die Münchner Wirtschaft schließlich einen Gutteil des Aufschwungs nach 1948.

Doch zunächst waren drei schwere Jahre durchzustehen. Die äußeren Bedingungen der kriegsgeschädigten deutschen Wirtschaft waren durch die Fehleinschätzungen der Besatzungsmacht, insbesondere durch die Zonenaufspaltung, weiter verschlechtert worden. »So ist zuviel auseinanderentwickelt worden. Zuviel blieb ungenutzt an Kapazität und Versorgungsmöglichkeiten. Der schon gestörte Blutkreislauf wurde radikal unterbrochen«, so urteilen Ende 1947 bayerische Fachleute über die Wirtschaftsentwicklung nach 1945. Drängend waren und blieben die mit der Energiebereitstellung zusammenhängenden Fragen, wobei besonders die Kohleversorgung immer wieder im Vordergrund stand. »Kohle oder Chaos« hieß es im Hinblick auf den Winter 1947/48 und nicht ohne Grund mehrten sich die Stimmen, die unter Berufung auf die Versorgungsschwierigkeiten der bayerischen Regierung die Proklamierung des »Notstandes« gemäß Art. 48 der Verfassung anrieten. Engpässe auch in allen Bereichen der Industrie, Arbeitskräftemangel und ein hoher Krankenstand blieben somit im Münchner Raum eine Konstante des wirtschaftlichen Neubeginns. Im Großhandel ging die verteilbare Warenmenge auf einen Bruchteil des vor dem Krieg zur Verfügung stehenden Kontingents zurück (1/20 z. B. im Textilbereich), wobei in Einzelfällen die Warenhortung zur Sicherung von Sachwerten im Falle der allgemein erwarteten Währungsumstellung die Versorgungssituation immer prekärer gestaltete. Erst die Durchführung dieser »Währungsreform« im Juni 1948 gab dann den Startschuß für einen wirtschaftlichen Aufschwung.

Währungsreform

Schon Monate vorher hatten sich die Gerüchte um das Wann und Wie der notwendigen Geldreform gejagt, mit dem Erfolg, daß zuletzt kaum noch Ware gegen Reichsmark zu haben war und schließlich auch jeder Handwerker seine Leistung verweigerte, wenn ihm nur Geld dafür geboten wurde. Jetzt aber fand die allgemeine Verunsicherung ihr Ende. In den drei Westzonen wurde nämlich mit Wirkung vom 21. Juni 1948 die »Deutsche Mark« eingeführt. Allerdings verursachte am Vortag eine mangelhafte Organisation bei der Ausgabe der Kopfquoten von je 40

Anschlag über die Lebensmittelzuteilung der 83. Versorgungsperiode (10.12.1945–06.01.1946)

Lebensmittelzuteilung in München

in der 83. Versorgungsperiode (10. Dezember 1945 bis 6. Januar 1946)

E = Erwachsene vom beginnenden 18. Jahr und darüber
Jgd = Jugendliche vom beginnenden 10. bis zum vollendeten 17. Jahr
K = Kinder vom beginnenden 6. bis zum vollendeten 9. Jahr
KlK = Kleinkinder vom beginnenden 3. bis zum vollendeten 5. Jahr
Klst = Kleinstkinder bis zum vollendeten 2. Jahr
TSV/B = Teilselbstversorger in Butter
TSV Schl = Teilselbstversorger in Fleisch und Schlachtfetten
SV = Vollselbstversorger

Die Lebensmittelkarten der 83. Versorgungsperiode enthalten auf einem Teil der Abschnitte den Mengenaufdruck. Diese Abschnitte werden nicht gesondert aufgerufen.

Gesamtrationen (Normalverbraucher)

	E	Jgd	K	Klk	Klst		E	Jgd	K	Klk	Klst
Fleisch	800 g	1200 g	1200 g	800 g	400 g	Zucker	—	—	—	500 g	500 g
Fett	400 g	600 g	600 g	400 g	400 g	V-Milch	—	—	—	14 l	21 l
R-Brot	10250 g	14000 g	10500 g	5250 g	3000 g	M-Milch	3½ l	3½ l	3½ l	—	—
Kaffee-Ersatz	200 g	200 g	200 g	—	—	Kartoffeln	16 kg	16 kg	16 kg	10 kg	4 kg

Für sämtliche Normalverbraucher und Teilselbstversorger je 600 g Nährmittel, 125 g Käse, 125 g Topfen.

Warengattung	Wert	Normalverbraucher	Teilselbstversorger in Butter TSV/B	Teilselbstversorger in Fleisch u. Schl. TSV/Schl	Vollselbstversorger SV
Fleisch	50 g	E 9 mit 12 Jgd 59 mit 66 K 109 mit 114 Klk 159 mit 162	E 259 mit 262 Jgd 309 mit 316 K 359 mit 364 Klk 409 mit 412		
	100 g	Klst 234	Klst 484		
	200 g	Jgd 84	Jgd 334		
	300 g	K 101	K 351		
R-Brot	250 g	E 17 Jgd 67 mit 72 K 117 mit 120 Klk 167 Klst —	E 267 Jgd — K 367 mit 370 Klk 417 Klst 467 mit 470	E 517 Jgd 567 mit 572 K 617 mit 620 Klk 667 Klst —	
	500 g	E — Jgd 73	E — Jgd —	E — Jgd 573	SV-Brotkarte 1004 mit 1008
	1000 g	E 31 Jgd 81 K 131 Klk 181 Klst 231	E 281 Jgd 331 K 381 Klk 431 Klst 481	E 531 Jgd 581 K 631 Klk 681 Klst 731	SV-Brotkarte 1002, 1003, 1009, 1010
	2000 g	E 7 Jgd —	E 257 Jgd 307	E 507 Jgd —	
Nährmittel	400 g	E 28 Jgd 78 K 128 Klk 178 Klst 228	E 278 Jgd 328 K 378 Klk 428 Klst 478	E 528 Jgd 578 K 628 Klk 678 Klst 728	
Zucker	500 g	Klk Zuckermarke Klst „	Klk Zuckermarke Klst „	Klk Zuckermarke Klst „	Klk Zuckermarke Klst „
Käse	125 g	Alle Abschnitte mit dem Aufdruck „Käse"			
Topfen (Quark)	125 g	Alle Abschnitte mit dem Aufdruck „Quark"			
Kaffee-Ersatz	200 g	Alle Abschnitte mit dem Aufdruck „Kaffee-Ersatz"			
Kartoffeln	2,5 kg	Die Wochenabschnitte der Kartoffelkarte der 83. Versorgungs-Periode sowie			
	6 kg	E, Jgd, K Sonderabschnitt „a" der Kartoffelkarte	E, Jgd, K Sonderabschnitt „a" der Kartoffelkarte	E, Jgd, K Sonderabschnitt „a" der Kartoffelkarte	
	4 kg	Klst 230	Klst 480	Klst 730	
Grieß	150 g				SV-Brotkarte 1001
		Nur Normalverbraucher			
Fett	50 g	E /3, 4/ Jgd /53, 54/ K /103, 104/ Klk /153, 154/ Klst /p, r/, /203, 204/	75 g E b// Jgd e// K i// Klk n//	100 g Jgd f//f, 55/55 K l//l, k//k, 105/105 Klk o//o Klst s/s, 205/205	
Speisemischfett (statt 125 g Butter)	100 g	E //a	Jgd //d	K //h	Klk //m

Die Bestellscheine auf „entrahmte Frischmilch" und „Vollmilch für Kinder" sind sofort dem Milchhändler zu übergeben. Als Bestellschein für ¹/₈ l entrahmte Frischmilch wird für Teilselbstversorger in Schlachtfetten (Erwachsene) die Reservemarke 502 (im Dreieck) und als Bestellschein für zweimal ¹/₄ l Vollmilch für Teilselbstversorger in Schlachtfetten für Kleinkinder der Abschnitt 658 (im Viereck) aufgerufen. Bei den übrigen Karten sind, soweit notwendig, Normalbestellscheine vorhanden.

Zur Räumung der bei den Letztverteilern noch vorhandenen Restbestände an Speiseöl, Butterschmalz, Schweineschmalz und der Schweineschmalz-Restbestände in Metzgereien wird gestattet, daß auf sämtliche mit Mengenangaben versehenen Fettabschnitte (5-g-Fettabschnitte) in Höhe von ⁴/₅ des Nennwertes die vorgenannten Fettarten abgegeben werden dürfen. Schweinerohfett darf jedoch nur auf die Fettabschnitte der Schwer- und Schwerstarbeiterkarten abgegeben werden. Die Auslieferung einer der vorgenannten Fettarten durch Großverteiler an Letztverteiler bleibt verboten. Für Kleinstkinder können auf die mit einem liegenden Kreuz versehenen 500 g Brotabschnitte an Stelle von je 500 g Brot je 375 g, an Stelle von je 1000 g Brot (Selbstversorger-Brotkarte) je 750 g Kindergetreide- oder Kinderreisnährmittel bezogen werden. Soweit die Kinder Selbstversorgerhaushaltungen angehören, die mit Brot und Brotgetreide über Mahlkarten versorgt werden, kann eine Zuteilung über Berechtigungsschein nur auf Grund ärztlicher Verordnung erfolgen. Die Bezugsnachweise auf Kindergetreide- oder Kinderreisnährmittel sind vom Verteiler gesondert in Rücklauf zu bringen. Entsprechender Bezugschein ist vom Verteiler zu beantragen. Die Bezugscheine über Kinderreisnährmittel berechtigen bei Fehlen von Ware ohne Umschreibung zum Bezug von Kindergetreidenährmittel, nicht dagegen umgekehrt. Der Abschnitt Z 1201 der Siebentageskarte berechtigt zum Bezug von 50 g Kaffee-Ersatz.

Die Wochenabschnitte der 83. Versorgungsperiode der Kartoffelkarte, soweit sie nicht für Lagerkartoffeln bereits verwendet wurden, berechtigen für Erwachsene, Jugendliche, Kinder und Kleinkinder zum Bezug von je 2.5 kg. Die Restmenge für Erwachsene, Jugendliche und Kinder von 6 kg ist auf Sonderabschnitt „a" der Kartoffelkarte auszugeben. Die Ausgabe darf nur an solche Versorgungsberechtigte erfolgen, die für die 83. Zuteilungsperiode nicht eingekellert haben. Es ist deshalb beim Einkauf von Kartoffeln die Kartoffelkarte beim Händler vorzulegen. Lose Marken sind ungültig.

Bei Kleinstkindern ist die aufgerufene Menge von 4000 g in der oben bezeichneten Marke festgelegt. Die Kartoffelkarte ist für Kleinstkinder, soweit noch nicht geschehen, bei der Verteilungsstelle zurückzuliefern. Die Abgabe von Marmelade auf Nährmittelmarken (400 g Nährmittel = 500 g Marmelade) aus Restbeständen ist auch noch in der 83. Versorgungsperiode gestattet. Dagegen ist die Abgabe von Weizenmehl (Type 1050) auf Nährmittelmarken ab der 83. Versorgungsperiode verboten.

Kinder vom beginnenden 6. bis vollendeten 6. Lebensjahr (Geburtszeit 10. 12. 39 bis 9. 12. 40) erhalten in der 83. Versorgungsperiode an Stelle von täglich ¹/₈ l entr. Frischmilch täglich ¹/₂ l Vollmilch, ferner 500 g Zucker. Für die 82. Versorgungsperiode wird die Zuckermenge von 500 g mit Genehmigung der amerikanischen Militärbehörde nachgeliefert. Entsprechende Berechtigungsscheine werden mit den Lebensmittelkarten der 83. Versorgungsperiode ausgegeben.

DM lange Wartezeiten; viele Stunden mußten die Münchner im Regen auf der Straße vor den Verteilungsstellen anstehen. Mit bewunderungswürdigem Gleichmut nahm die Bevölkerung dann auch die Tatsache hin, daß am Tage nach der Auszahlung die Geschäfte plötzlich mit Waren gefüllt waren, die man vorher auch dann nicht gegen Geld bekommen hatte, wenn man mit einem Bezugsschein versehen war.

Das »Wunder« wurde mit dem bitteren Scherz kommentiert: »Was sind wir doch für ein tüchtiges Volk, das alles wurde über Nacht hergestellt.« Eine regelrechte Kaufwut erfaßte die Menschen. Ohne Rücksicht auf die schmale Basis der Kopfquoten stürzte man sich auf die Waren, ohne erst das Preisniveau zu vergleichen und ohne zu überlegen, ob die Preise der veränderten Lage überhaupt angemessen waren. Durch die weitgehende Freigabe der Bewirtschaftung im Zusammenhang mit der Währungsreform wurde die Kauffähigkeit des neuen Geldes unter Beweis gestellt; man konnte der DM glauben.

Schlagartig verbesserte sich auch die Arbeitsleistung. Am 21. Juni, also am ersten Arbeitstag nach der Geldaushändigung, traten fast auf allen Baustellen die Kolonnen so gut wie vollzählig an, ein Ereignis, das seit Kriegsende nicht mehr zu verzeichnen war.

Freilich folgte dem allgemeinen wirtschaftlichen Auftrieb der ersten Wochen sehr bald wieder eine gewisse Ernüchterung. Die Preise kletterten unaufhaltsam nach oben und Arbeiter und Angestellte forderten unter der Parole »freie Preisgestaltung freie Lohngestaltung« eine Aufbesserung ihrer Bezüge entsprechend der Preisentwicklung.

Auch der Produktionsanstieg nach dem Juni 1948 verlangsamte sich gegen Ende des Jahres wieder. Schwierigkeiten im Rohstoffnachschub in Verbindung mit einer anormalen Niederschlagsarmut in Bayern führten im Spätherbst zu radikalen Einschränkungen bei der Belieferung mit elektrischer Energie; ein starker Abfall der Erzeugung war die unausbleibliche Folge.

Die noch dünne Warendecke, die Skrupellosigkeit vieler Verteiler und die Unbesonnenheit der Konsumenten veranlaßten die Industrie- und Handelskammer zu düsteren Prognosen: »Sogenannte Unternehmer aller Stufen haben vielfach die Morgenluft gründlich mißverstanden, die ihnen dank dem Übergang zur Marktwirtschaft weht. Sie haben sich leider allzu häufig nicht wie verantwortungsbewußte Glieder einer schwer getroffenen und um ihren Wiederaufbau kämpfenden Volkswirtschaft benommen, sondern egoistisch eine sich ihnen bietende »Konjunktur« ausgenutzt. Und das große Heer der Verbraucher hat durch sein selbstzerfleischendes Verhalten, durch seine unendliche Kaufgier, durch seine Unbesonnenheit im Geldausgeben, dieses Verhalten skrupelloser Erzeuger und Verteiler unterstützt, ja eigentlich erst möglich gemacht. Denn nur die disziplinlose Befriedigung der tatsächlichen und auch der vermeintlichen (durch das Sichtbarwerden von Waren erst gezüchteten) Bedürfnisse hat die Voraussetzungen für einen Preisauftrieb gegeben, der über die Angleichung an das Weltmarktniveau hinausführte. So hat also die menschliche Unzulänglichkeit dazu geführt, daß die Befreiung von Fesseln, die notwendig war, in eine wilde Entfesselung der Egoismen auszuarten, wenigstens droht.«

Versorgung der Bevölkerung

Schon seit Kriegsbeginn hatten sich die Münchner an die »Versorgungsperiode«, eine neue Zeiteinheit neben Jahr und Monat, gewöhnen müssen. Die vierwöchige Versorgungsperiode war auf eine amtlich festgelegte Zuteilungsquote von Lebensmittelrationen und Bezugsscheinen abgestimmt, die sich nach der jeweiligen kriegswirtschaftlichen Situation richtete. Um den berühmt-berüchtigten »Normalverbraucher« herum hatte man ein differenzier-

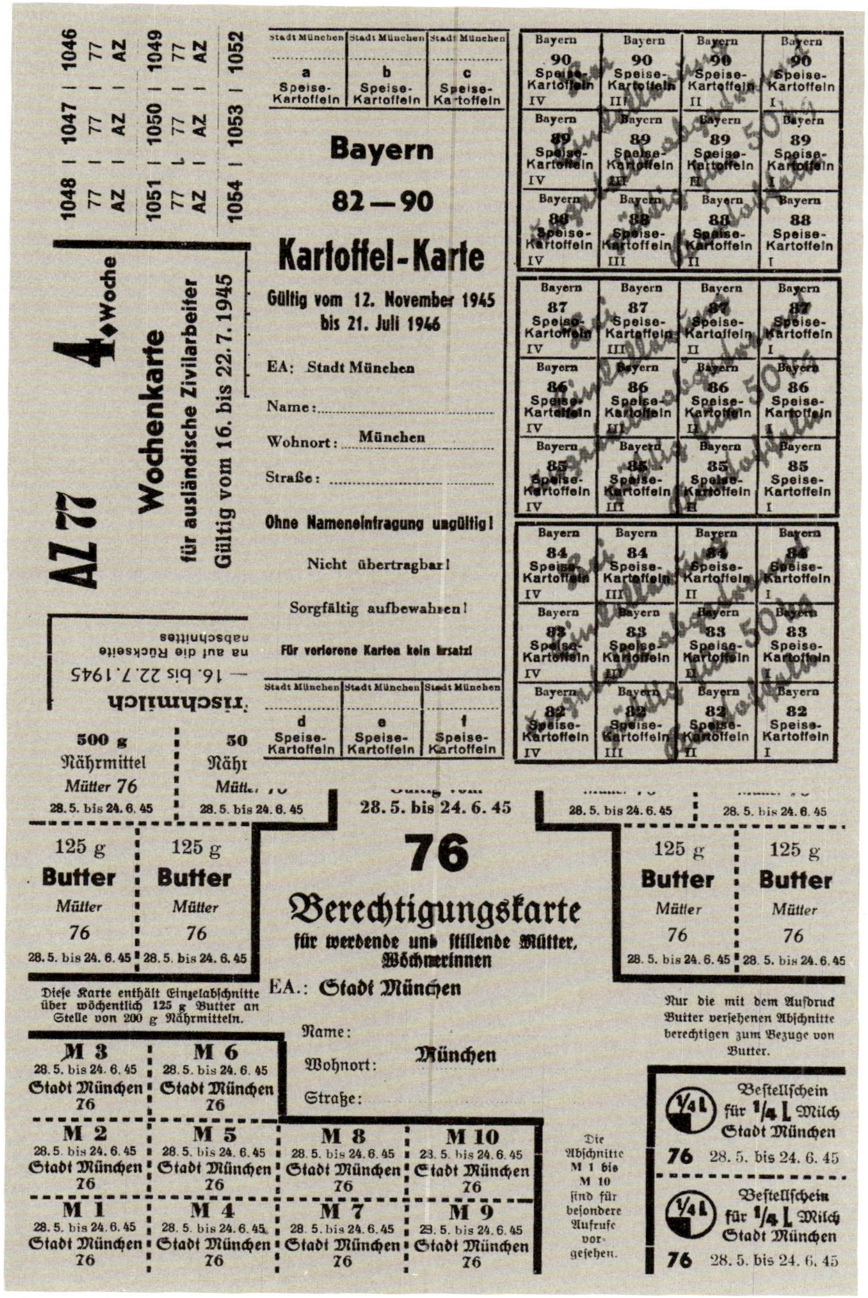

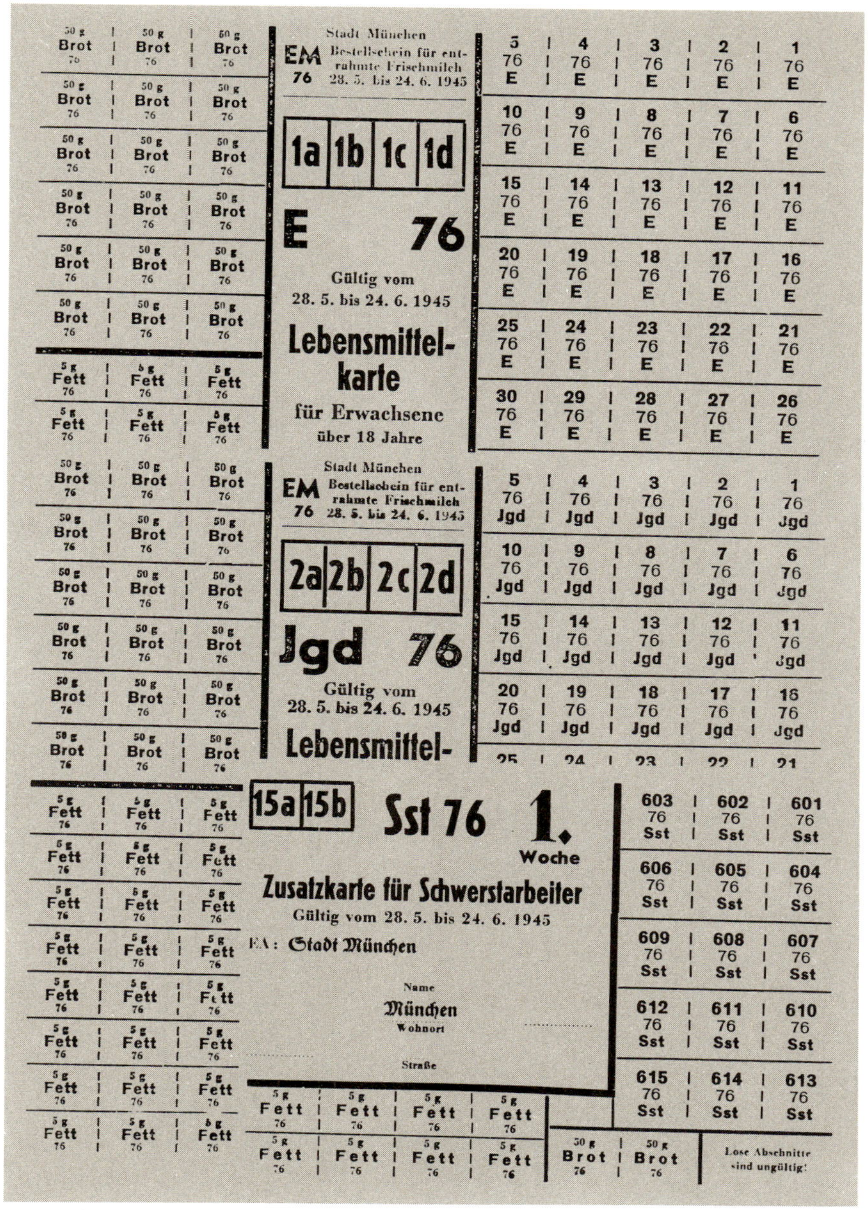

Zusammenstellung verschiedener Lebensmittelmarken

tes Anspruchssystem aufgebaut, das Altersgruppen berücksichtigte und Berufssparten unterschied, die mit zusätzlichen Quoten (z. B. Teilschwer-, Schwer- und Schwerstarbeiterzulage) zu versorgen waren. Als weitere Sondergruppen gab es daneben die sog. Selbstversorger, die Anstalten, Krankenhäuser und die Lager. Die 50 (später 46) Verteilungsstellen des Münchner Ernährungsamtes hatten bei Kriegsende nur noch an ca. 440000 Zivilperso-

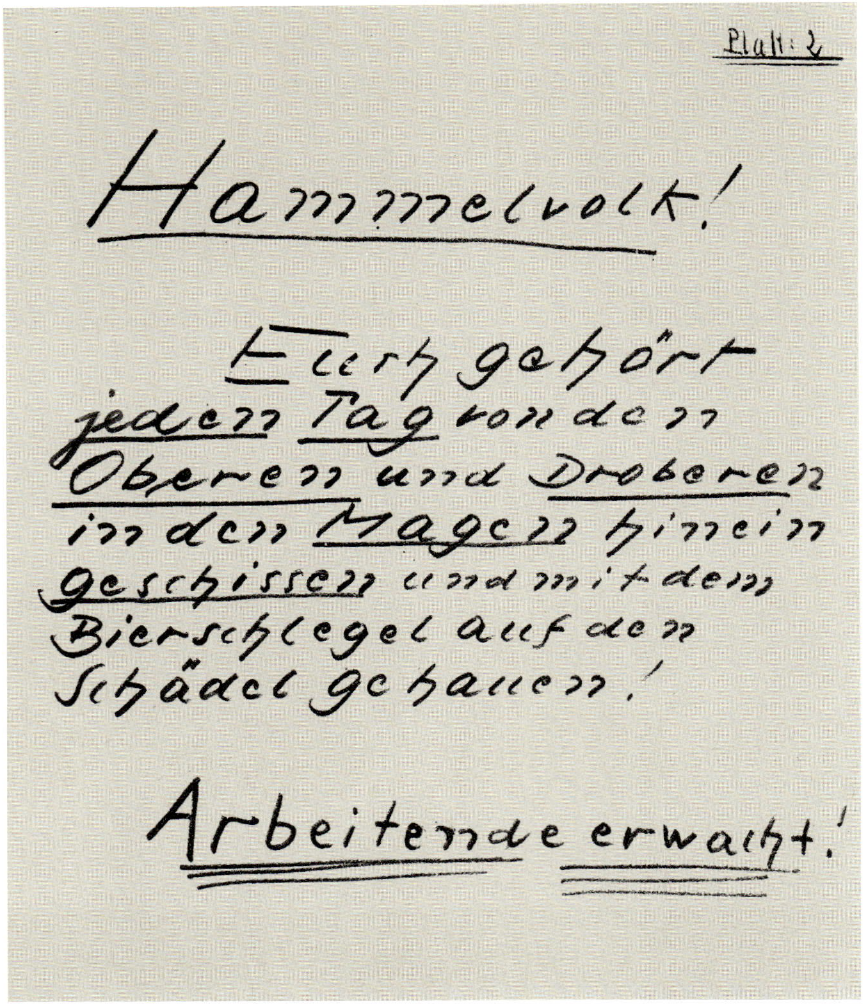

Konfiszierter Anschlag gegen die schlechte Versorgung. 1947

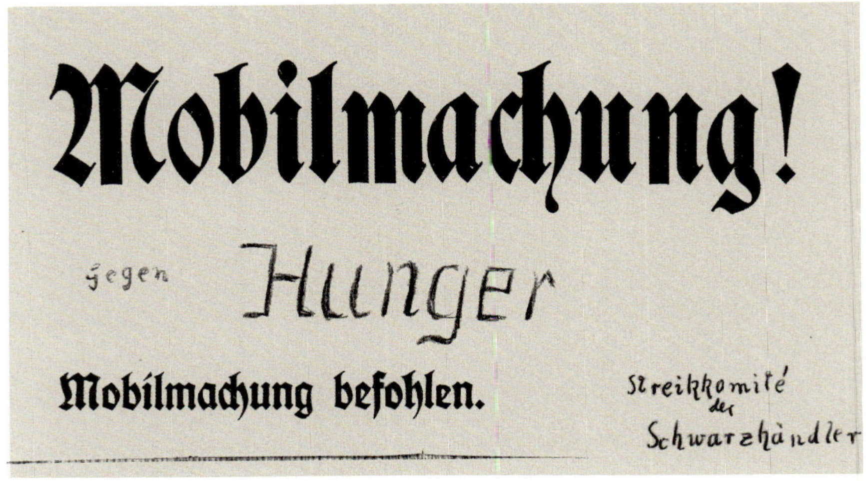

1947 beschlagnahmter Aufruf gegen den Hunger; Collage aus einem Mobilmachungsaufruf von 1914

nen Lebensmittelmarken und Bezugsscheine auszugeben, ein Umstand, der in erster Linie auf die Evakuierungsmaßnahmen während der Luftangriffe zurückzuführen war. Nach dem Einmarsch der Amerikaner (Beginn der 75. Versorgungsperiode) konnten diese Stellen nach kurzer Unterbrechung ihre Tätigkeit wieder voll aufnehmen, obwohl durch die Plünderungen und Diebstähle der »ersten Tage« die Bevölkerungsversorgung erschwert war. In den folgenden Monaten wurde durch die Abtrennung der für die Ernährung der Bevölkerung wichtigen Ostgebiete und durch die Vertreibung von Millionen Deutscher in das sowieso überbevölkerte Rumpfland die Versorgungsorganisation weiteren extremen Belastungen unterworfen. Die Ernährungslage verschlechterte sich dramatisch, als die Anlieferungszahlen der landwirtschaftlichen Produkte immer weiter absanken, so daß schließlich (Oktober 1946) aus der Eigenerzeugung Restdeutschlands nur noch 900 Kalorien täglich pro Person – bei einem friedensmäßigen Verbrauch von durchschnittlich 3000 Kalorien pro Person – ausgegeben werden konnten. Gleichzeitig wuchs die Zahl der in München Versorgungsberechtigten, die Ende 1946 wieder auf 698000 hochgeklettert war. Die ständige Herabsetzung der zugeteilten Rationen führte zu Hunger und Unterernährung, schwächte die Arbeitskraft der Menschen und ließ sie an der neuen Ordnung verzweifeln. Die von der Militärregierung geforderte Bevorzugung der aus den Konzentrationslagern entlassenen rassisch und politisch Verfolgten und die Sonderkontingente für Ausländer und Flüchtlinge schürten den allgemeinen Unmut, der sich durch anonyme Hetzparolen und durch wiederholte Raubüberfälle auf Verteilungsstellen Luft machte.

Immer häufiger mußte für die ordnungsgemäße Durchführung des Parteienverkehrs bei den Verteilungsstellen, ins-

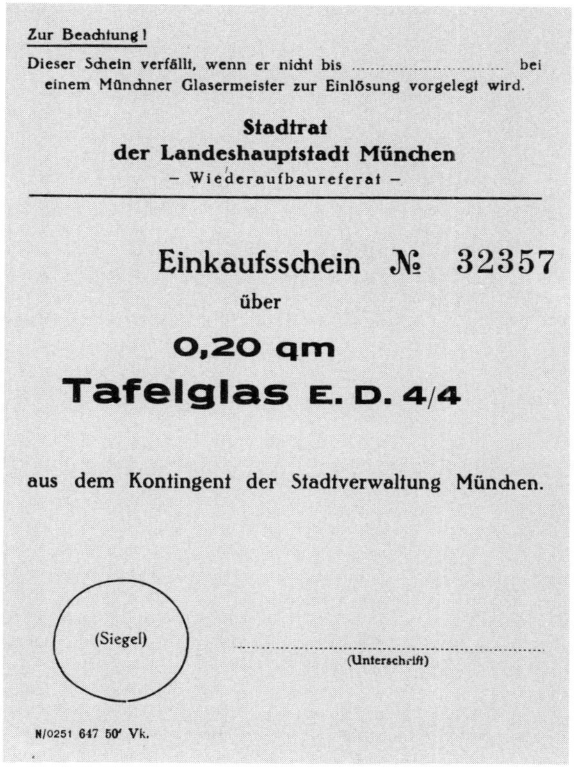

Zur Beachtung!

Dieser Schein verfällt, wenn er nicht bis .... bei einem Münchner Glasermeister zur Einlösung vorgelegt wird.

Stadtrat
der Landeshauptstadt München
– Wiederaufbaureferat –

Einkaufsschein № 32357
über
0,20 qm
Tafelglas E. D. 4/4

aus dem Kontingent der Stadtverwaltung München.

(Siegel) .... (Unterschrift)

N/0251 647 50' Vk.

Bezugsschein für Tafelglas, ausgegeben vom Wiederaufbaureferat der Stadt München. 1946

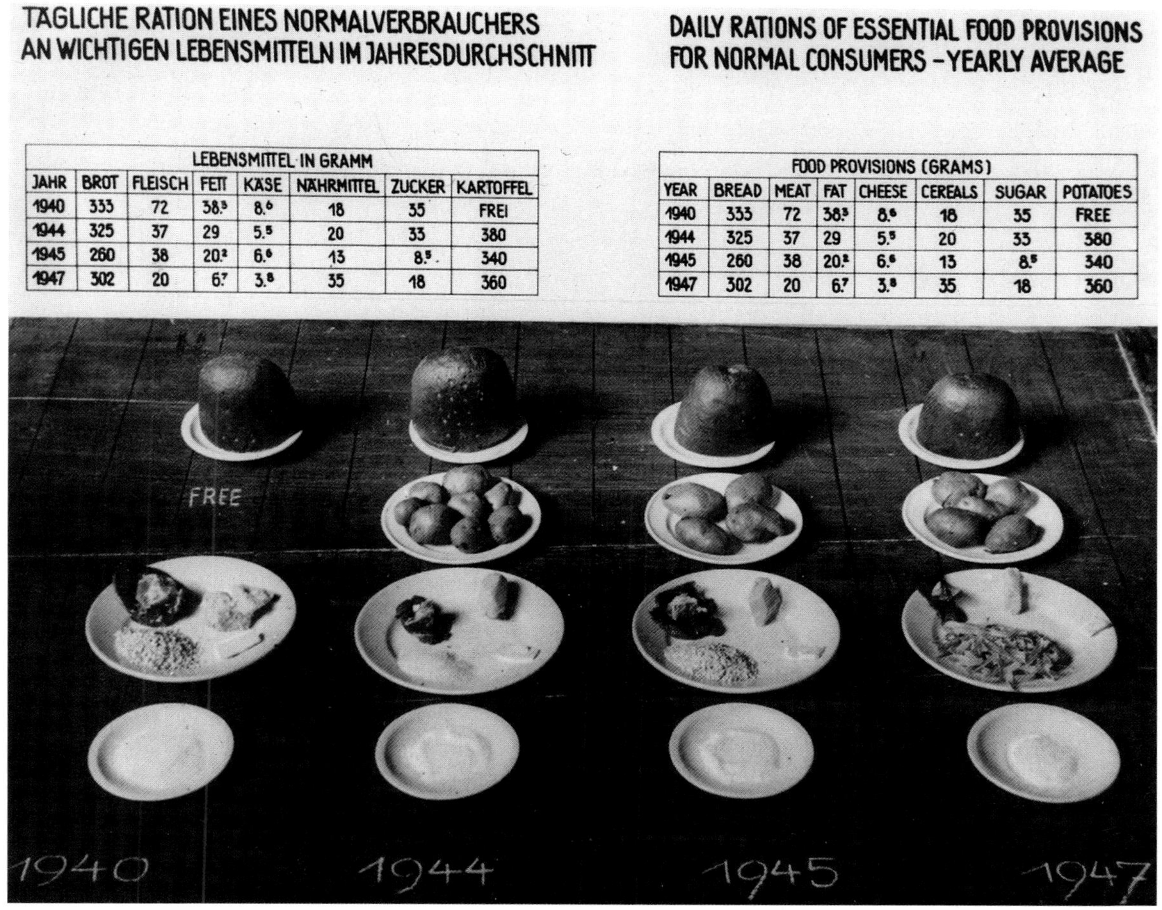

LEBENSMITTEL IN GRAMM							
JAHR	BROT	FLEISCH	FETT	KÄSE	NÄHRMITTEL	ZUCKER	KARTOFFEL
1940	333	72	38.5	8.6	18	35	FREI
1944	325	37	29	5.5	20	33	380
1945	260	38	20.2	6.6	13	8.5	340
1947	302	20	6.7	3.8	35	18	360

FOOD PROVISIONS (GRAMS)							
YEAR	BREAD	MEAT	FAT	CHEESE	CEREALS	SUGAR	POTATOES
1940	333	72	38.5	8.6	18	35	FREE
1944	325	37	29	5.5	20	33	380
1945	260	38	20.2	6.6	13	8.5	340
1947	302	20	6.7	3.8	35	18	360

Die tägliche Lebensmittelration eines »Normalverbrauchers«. 1940–47

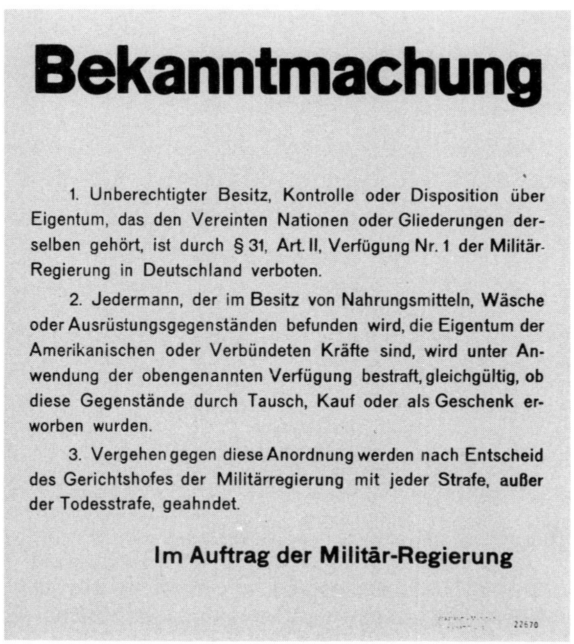

Bekanntmachung

1. Unberechtigter Besitz, Kontrolle oder Disposition über Eigentum, das den Vereinten Nationen oder Gliederungen derselben gehört, ist durch § 31, Art. II, Verfügung Nr. 1 der Militär-Regierung in Deutschland verboten.

2. Jedermann, der im Besitz von Nahrungsmitteln, Wäsche oder Ausrüstungsgegenständen befunden wird, die Eigentum der Amerikanischen oder Verbündeten Kräfte sind, wird unter Anwendung der obengenannten Verfügung bestraft, gleichgültig, ob diese Gegenstände durch Tausch, Kauf oder als Geschenk erworben wurden.

3. Vergehen gegen diese Anordnung werden nach Entscheid des Gerichtshofes der Militärregierung mit jeder Strafe, außer der Todesstrafe, geahndet.

Im Auftrag der Militär-Regierung

22670

Bekanntmachung der Militärregierung über unberechtigten Besitz von Eigentum der Besatzungsmacht. 1945

besondere während der Lebensmittelmarkenverteilung, Polizeischutz angefordert werden.

Als regelmäßige Anlaufstellen der Gesamtbevölkerung waren die Verteilungsstellen des Ernährungsamtes stets auch mit zusätzlichen Aufgaben betraut, so beispielsweise während des vorübergehenden Wegfalls der Presse mit der Publikation amtlicher Bekanntmachungen durch Handzettel und Anschläge, dann mit der Ermittlung der Glasschäden, der Ausgabe von Berechtigungsscheinen für die Straßenbahn, mit der Erfassung des Wohnraums, oder der Verteilung der Lohnsteuerkarten. Nach dem Erlaß des Gesetzes zur Befreiung vom Nationalsozialismus (5. März

1946) durften Lebensmittelmarken nur gegen Vorlage einer Quittung über die Ablieferung des politischen Fragebogens ausgegeben werden. Personen, die in der betreffenden Versorgungsperiode aus klar ersichtlichen Gründen ihre Marken nicht abholten, wurden an das Sonderministerium gemeldet.

In langen Schlangen, die sich teilweise schon nachts gebildet hatten, warteten die Menschen vor den Schaltern der Verteilungsstellen, um nur ein Antragsformular für ein Paar Schuhe oder einen Fahrradreifen zu bekommen. Anträge und Formblätter für die Selbstverständlichkeiten des Alltagsbedarfes wurden zur Regel, bald schien es, als würde jede Lebensäußerung allein durch Papier und Stempel realisierbar. Wer den bürokratischen Drangsalen entgehen wollte und gleichzeitig über ausreichende Vermögensreste verfügte, konnte seine Bedürfnisse natürlich auch über den Schwarz-, Schleich- und Tauschhandel abwickeln, der Unmengen von Lebensmitteln und Verbrauchsgüter der Bewirtschaftung entzog und trotz aller polizeilichen Aktionen an bestimmten Stellen (z.B. Bahnhofsgegend und Möhlstraße) florierte.

Gerade das Jahr 1946, das von Vertretern der bayerischen Wirtschaft als »das Jahr der Enttäuschungen« bezeichnet wurde, machte den Münchnern die Folgen des verlorenen Krieges besonders deutlich. Engpässe in der Fleischversorgung, die darauf zurückzuführen waren, daß die Bauern ihr Vieh als Kapitalanlage zu behalten suchten, ein krasser Rückgang der Kartoffelbelieferung (der Rückstand im September 1946 belief sich gegenüber dem September des Vorjahres auf 1650 Eisenbahnwaggons) und der Mangel an Brotgetreide brachten viele Münchner an den Rand des Hungertods. Die zunehmende Erkenntnis, daß »mit einem leeren Magen schlecht Demokratie zu machen sei« und daß ein hungerndes Volk politisch labil und für extremistische Einflüsterungen zugänglich wird, führte zu zusätzlichen Lieferungen von Lebensmitteln durch die US-Besatzungsbehörden. Unüberbrückbar blieb der Mangel an Bedarfsartikeln. Bei einer Ende 1946 angelaufenen Notstandsaktion »Schuhe für Schulkinder« konnte nur ein Fünftel des Bedarfs abgedeckt werden, und die Verteilung von Fensterglas war nach kurzer Zeit eingestellt worden, da über ein halbes Jahr keine Zuweisung mehr erfolgt war. Resigniert stellte man anfangs 1947 fest: »Bei einem Schaden von 1,2 Millionen qm für Wohnräume sind bis jetzt 56000 qm geliefert, bei einem Bedarf von 200000 qm für gewerbliche Zwecke sind bis jetzt 17000 qm geliefert.« Im Frühjahr 1947 mußte infolge des Ausbleibens amerikanischer Getreidelieferungen die monatliche Brotration stark gekürzt werden. Statt der auf den Lebensmittelmarken ausgedruckten 20 Pfund Brot gab es in der 101. Versorgungsperiode nur noch 8 Pfund (!). In einem Geschäft in der Kaufingerstraße war die Hungerration eines Normalverbrauchers ausgestellt. Sie belief sich auf 21,4 gr. Fleisch, 7,1 gr. Fett, 2,2 gr. Käse, 214 gr. Brot, 429 gr. Kartoffeln, 21,4 gr. Nährmittel, 17,8 gr. Zucker, 4,5 gr. Kaffee-Ersatz und einem Zehntelliter Milch.

Hunger und miserable Wohnungsverhältnisse blieben nicht ohne Wirkung auf den Gesundheitszustand der Münchner. Ende Januar 1948 berichtet die Stadtchronik über das Ergebnis einer Reihenuntersuchung an 2500 Personen aller Verbrauchergruppen und Altersstufen: »Gegenüber Januar 1947 nahm das Gewicht der 20- bis 39jährigen Männer um 2,2 % ab und liegt 2,7 % unter dem sehr niedrig festgesetzten Mindestgewicht. Die 40- bis 59jährigen liegen 7,2 % unter dem Mindestgewicht und die über 60jährigen 10,7 %. Bei den Frauen liegen die 20- bis 39jährigen 4,5 % unter dem Mindestgewicht. Die 40- bis 59jährigen liegen 7,2 % und die über 60jährigen 11,9 % unter dem Mindestgewicht. Besonders der Mangel an Vitamin A und C macht sich bemerkbar. Die Münchner und Nürnberger erweisen sich als die am schlechtesten ernährten Bayern.« Kein Wunder, daß Tuberkulose, Typhus, Diphterie und andere Infektionskrankheiten um sich griffen und zahlreiche Opfer forderten.

Besonders bedenklich war auch die Zunahme der Geschlechtskrankheiten. Die von den Amerikanern »Veronika Dankeschön« (abgekürzt V.D. = Veneral Diseases = Geschlechtskrankheiten) genannten Amateurprostituierten trugen nicht unerheblich zu ihrer Verbreitung bei und veranlaßten Stadtverwaltung und Militärregierung bereits zu Beginn des Jahres 1946, ein eigenes Krankenhaus für geschlechtskranke Frauen zu eröffnen. Dort kam erstmals auch das neue amerikanische Heilmittel Penicillin zur Anwendung.

Schwarzmarkt

Das Bild Nachkriegsmünchens wäre unvollständig, wenn nicht auch auf den »Schwarzmarkt« eingegangen würde.

Zentrum dieses illegalen Warenverkehrs war bis in den Sommer 1945 zunächst die sog. »Senefelder Anlage« vor dem Ringcafé am Sendlinger-Tor-Platz. Initiatoren des Schwarzmarktes waren überwiegend die bei der Bedarfsdeckung bevorzugten Ausländer, die ihre Angebote in Taschen, Koffern und Rucksäcken mitführten. An manchen Tagen wurden bis zu 800 Personen (Anbieter und Käufer) gezählt. Die verlangten Handelspreise überschritten den wirklichen Warenwert oft beträchtlich, doch waren nur hier manche heißbegehrten Objekte überhaupt und obendrein ohne Marken zu erhalten. Neben dem Warenabsatz gegen Geld blühte auch ein umfangreicher Tauschhandel. Als die Besatzungsmacht durch energisches Einschreiten den zentralen Schwarzmarkt am Sendlinger-Tor-Platz aufgelöst hatte, verlagerte sich das Geschehen in andere Bereiche der Stadt, insbesondere an den Viktualienmarkt und in die Hauptbahnhofsgegend.

Maßnahmen deutscher Polizisten waren bei der aggressiven Haltung der DP's riskant und nur in den seltensten Fällen erfolgreich. In einem Bericht an den Oberbürgermeister vom 23. Juli 1945 über eine Razzia am Viktualienmarkt heißt es: »Kriminalkommissar H. versuchte am 19. Juli 1945 vormittags mit 20 Kriminalbeamten und 25

Plakat des Bayerischen Gewerkschaftsbundes. 1948

uniformierten deutschen Polizisten den Schwarzen Markt am Viktualien-Markt aufzulösen. Gleich bei der Anfahrt stürzte sich eine große Anzahl Ausländer und KZler auf den anfahrenden Wagen, brachte diesen zum Stehen und bemächtigte sich zunächst des Fahrers. Die Beamten wurden auseinandergerissen, von einzelnen Gruppen umstellt und angegriffen. Unter großen Schwierigkeiten gelang es der Polizei, 14 der Angreifer festzunehmen und den Fahrer, der erheblich verletzt war, wieder zu befreien. Unter dem nun folgenden Steinhagel waren die Beamten gezwungen, fluchtartig den Viktualien-Markt wieder zu verlassen. Steine standen genügend aus den von Luftangriffen herrührenden Trichtern zur Verfügung. Auf der Fahrt selbst noch konnten durch Unterstützung der Ausländer 8 Verhaftete abspringen, so daß das ganze Unternehmen 6 Verhaftete einbrachte. Eine Reihe von deutschen Polizeibeamten wurde erheblich verletzt.«

Auch in Gaststätten (insbesondere in der Umgebung des Hauptbahnhofs) florierte der Schwarz- und Schleichhandel. Da die Anbieter dazu übergingen, keine Ware bei sich zu führen, sondern den Kauf nur vermittelten, war ihnen meist nichts zu beweisen. Eine besondere Berühmtheit erlangte gegen Ende der vierziger Jahre der geradezu systematisierte Schwarzmarkt an der Möhlstraße in Bogenhausen. Ohne baupolizeiliche Genehmigung errichteten hier DP's und jüdische Kaufleute Verkaufsbuden, in denen nahezu alle Waren zu erhalten waren. Unverzollte und unversteuerte Lebensmittel, der Inhalt von Care-Paketen und Artikel aus Liebesgabensendungen wechselten hier markenlos den Besitzer. Die Möhlstraße galt als eine Waren- und Devisenbörse großen Stils; offiziell bewirtschaftete Versorgungsgüter wurden en gros und en detail gehandelt und der Gewinn in Juwelen und in allen gängigen Devisen angelegt. Der politische Sonderstatus der Kaufleute und Händler machte ein polizeiliches Vorgehen stets zu einer problematischen Angelegenheit.

Information

Nach jahrelanger Propagandaberieselung war das Informationsdefizit der Münchner bei Kriegsende ungeheuer groß. Am 11. Mai 1945 meldete sich als »Radio München« ein lokaler Sender der Militärregierung, und das erste periodische Nachrichtenblatt der Besatzungsmacht, die »Bayerische Landeszeitung«, kam eine Woche später bei den Polizeirevieren zum Verkauf. Bis zum Herbst 1945 dauerte es, bis die Amerikaner auch an Deutsche Lizenzen für die Zeitungsherstellung erteilten. Am 14. September 1945 erschien erstmals »nach Bedarf« der »Münchener Stadtanzeiger«, der als amtliches Mitteilungsblatt der Stadt München vom städtischen Informationsdienst herausgegeben wurde. Am 6. Oktober 1945 ging die »Süddeutsche Zeitung« in Druck, wobei der eingeschmolzene Bleisatz von Hitlers »Mein Kampf« die Lettern der ersten Nummer zu liefern hatte. Zwölf Tage nach der »Süddeutschen Zei-

MILITARY GOVERNMENT OF GERMANY
[MILITÄR-REGIERUNG DEUTSCHLAND]
INFORMATION CONTROL
[NACHRICHTENKONTROLLE]
EASTERN DISTRICT
License No. 1
[ZULASSUNG Nr.]

1. Subject to the conditions set forth in Paragraph 2 the following named person s hereinafter referred to as "licensee",
Edmund Goldschagg Munich-Obermenzing Betzenweg 52
Dr. Franz Josef Schoeningh Munich-Rossmann Pegnitz 10
August Schwingenstein Munich-Obermenzing Menzingerstrasse 14
is are authorized to engage in the following activities:
Newspaper Publisher

2. This license is granted subject to the following conditions:
A That all laws, ordinances, regulations and instructions of Military Government are complied with.
B That this license be prominently displayed on the premises of the licensee at all times.
C That all newspapers, books, periodicals, pamphlets, posters, printed music or other publications, sound recordings or motion picture films published or produced and all programs of concert, theatrical, or other performances produced under this license shall bear in such manner as may be prescribed the legend: "Published or produced under Military Government Information Control License No. ..."
D That no person, not reported on the application for this license as having a financial interest in the business enterprise conducted under this license, shall be given nor shall receive any part of the profits of the business enterprise, nor shall any interest in the business enterprise be held for any such person, except with the express written permission of Military Government.
E Other conditions:
None

3. This license is not granted for a stated term, is not a property right, is not transferable and is subject to revocation without notice or hearing.

1. Gemäß den im § 2 festgesetzten Bedingungen ist sind die folgende n Person en, welche im Nachfolgenden als „Zulassungsinhaber" bezeichnet wird werden, authorisiert, folgende Tätigkeit auszuführen:
Zeitungs Verleger

2. Diese Zulassung ist erteilt unter folgenden Bedingungen:
A Daß alle Gesetze, Verordnungen, Vorschriften und Anweisungen der Militärregierung befolgt werden.
B Daß diese Zulassung im Betrieb des Zulassungsinhabers jederzeit öffentlich angeschlagen ist.
C Daß sämtliche Zeitungen, Bücher, Zeitschriften, Broschüren, Plakate, Musikalien oder irgendwelche andere Veröffentlichungen, ebenso Schallplatten und sonstige Tonaufnahmen und Filme, die gemäß dieser Zulassung hergestellt oder veröffentlicht werden, sowie alle Programme von Konzert-, Theater- oder sonstigen Veranstaltungen, die gemäß dieser Zulassung zur Aufführung gelangen, folgende Aufschrift in vorgeschriebener Weise tragen: „Veröffentlicht oder hergestellt unter der Zulassung Nr. ... der Nachrichtenkontrolle der Militärregierung".
D Daß keine Person, die nicht in diesem Gesuch als an diesem Geschäftsunternehmen finanziell interessiert eingetragen ist, irgendeinen Anteil an dem Nutzen aus dem Geschäftsunternehmen erhält; ferner daß kein finanzieller Anteil an dem Geschäftsunternehmen für eine im Gesuch nicht erwähnte Person ohne ausdrückliche schriftliche Erlaubnis der Militärregierung zurückbehalten wird.
E Sonstige Bedingungen: Keine

3. Diese Zulassung wird für keine bestimmte Zeitfrist erteilt und stellt kein Eigentumsrecht dar; sie ist nicht übertragbar und kann ohne Kündigungsfrist oder Untersuchung rückgängig gemacht werden.

6870 District Information Services Control Command
Munich 6 Oct 1945

Lizenz Nr. 1 für den Druck der »Süddeutschen Zeitung«. 6. Oktober 1945

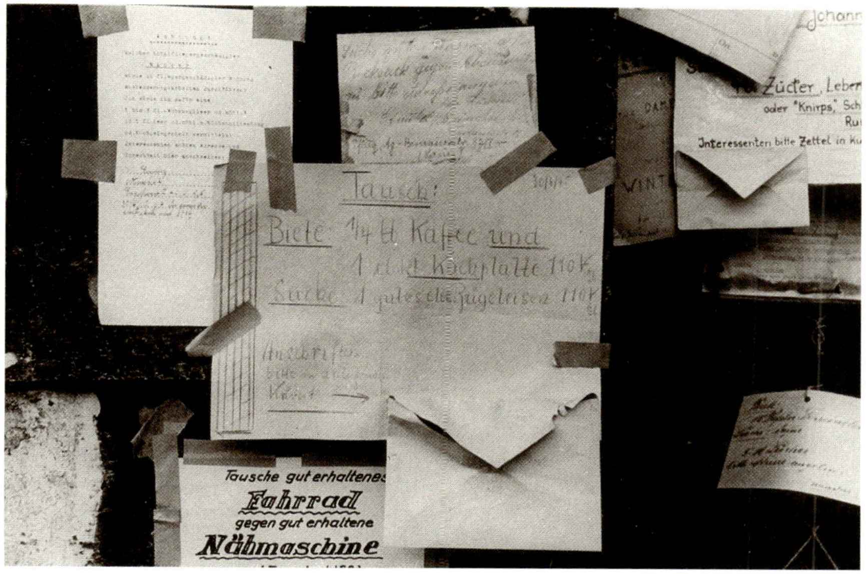

Anschläge am Tauschmarkt Rotkreuzplatz. 1946

tung« wurde auch die von deutschsprachigen Emigranten redigierte »Neue Zeitung« ausgeliefert, die im Gebäude des einstigen »Völkischen Beobachters« in der Schellingstraße entstand.

Allerdings deckte das sich nach und nach erweiternde Spektrum offizieller Medien nur einen Bruchteil des chronischen Nachrichtenmangels und des allgemeinen Kommunikationsbedürfnisses ab.

Besonders ausgeprägt war der Wunsch nach Übermittlung und Austausch privater Nachrichten. Das im Juli 1945 wieder in Betrieb genommene innerstädtische Telefonnetz mit nur 1200 Teilnehmern und der schon ein Monat vorher wieder angelaufene Ortsverkehr für – aus Zensurgründen – offene Briefe und Postkarten, konnten hier keine echte Abhilfe schaffen. Die zahllosen Kontaktwünsche der Münchner äußerten sich gewöhnlich in anderer Form: an bestimmten Zäunen klebten und hafteten über- und nebeneinander Hunderte von maschinen- oder handgeschriebenen Zetteln, die von einer vorbeidefilierenden, nie abreißenden Menschenschlange eilig überflogen, gelesen, abnotiert und ergänzt wurden. Solche mit Zetteln gleichsam tapezierten Zäune waren Nachrichtenbörse,

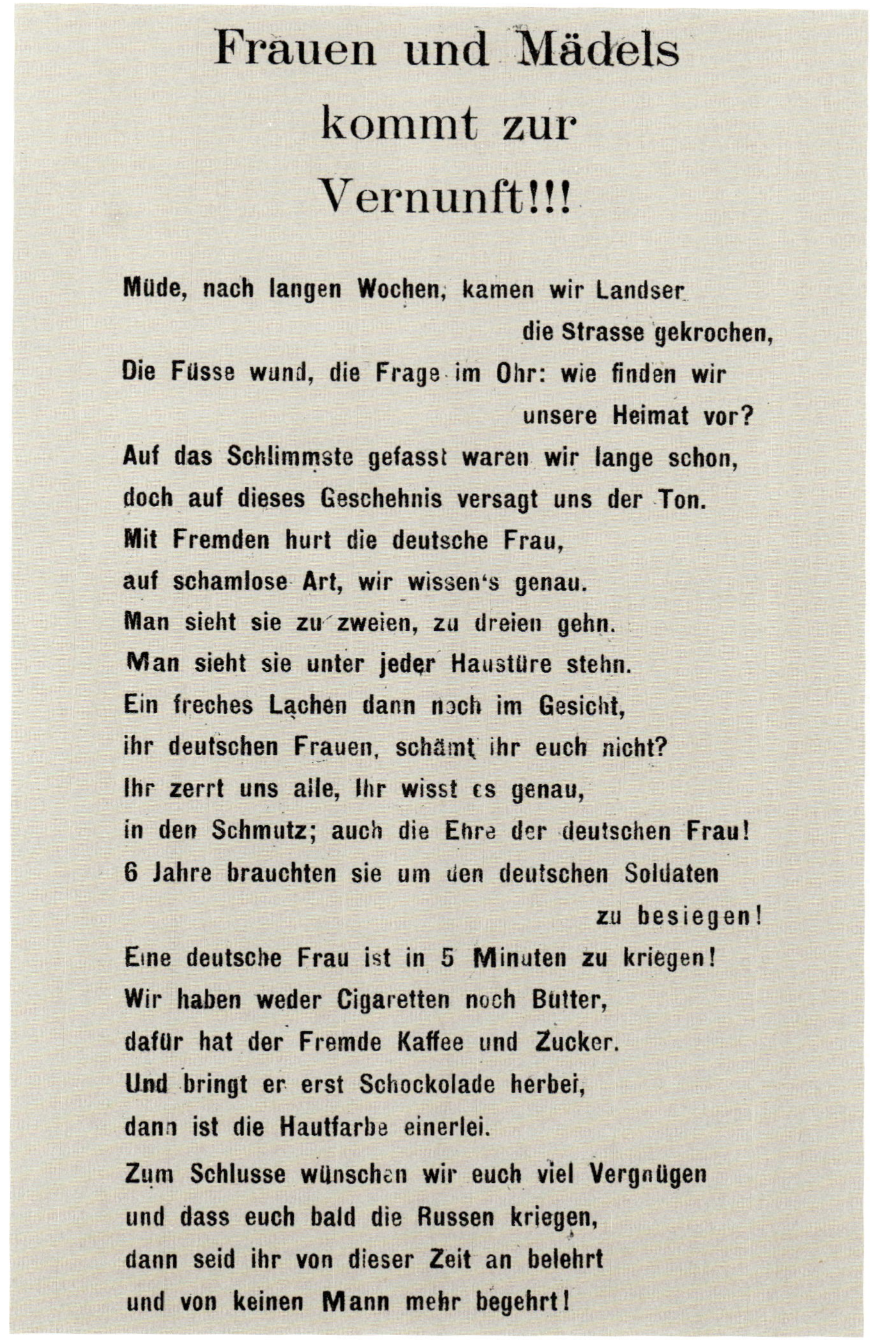

Frauen und Mädels kommt zur Vernunft!!!

Müde, nach langen Wochen, kamen wir Landser
die Strasse gekrochen,
Die Füsse wund, die Frage im Ohr: wie finden wir
unsere Heimat vor?
Auf das Schlimmste gefasst waren wir lange schon,
doch auf dieses Geschehnis versagt uns der Ton.
Mit Fremden hurt die deutsche Frau,
auf schamlose Art, wir wissen's genau.
Man sieht sie zu zweien, zu dreien gehn.
Man sieht sie unter jeder Haustüre stehn.
Ein freches Lachen dann noch im Gesicht,
ihr deutschen Frauen, schämt ihr euch nicht?
Ihr zerrt uns alle, Ihr wisst es genau,
in den Schmutz; auch die Ehre der deutschen Frau!
6 Jahre brauchten sie um den deutschen Soldaten
zu besiegen!
Eine deutsche Frau ist in 5 Minuten zu kriegen!
Wir haben weder Cigaretten noch Butter,
dafür hat der Fremde Kaffee und Zucker.
Und bringt er erst Schockolade herbei,
dann ist die Hautfarbe einerlei.
Zum Schlusse wünschen wir euch viel Vergnügen
und dass euch bald die Russen kriegen,
dann seid ihr von dieser Zeit an belehrt
und von keinen Mann mehr begehrt!

Beschlagnahmter Anschlag gegen »Amibräute«. 1945

Auskunftei, Anzeigenteil und Protestforum zugleich. Verzweifelte Nachfragen nach Evakuierten, Kriegsgefangenen, Vermißten, Bitten »um ein Lebenszeichen«, Bettelei-

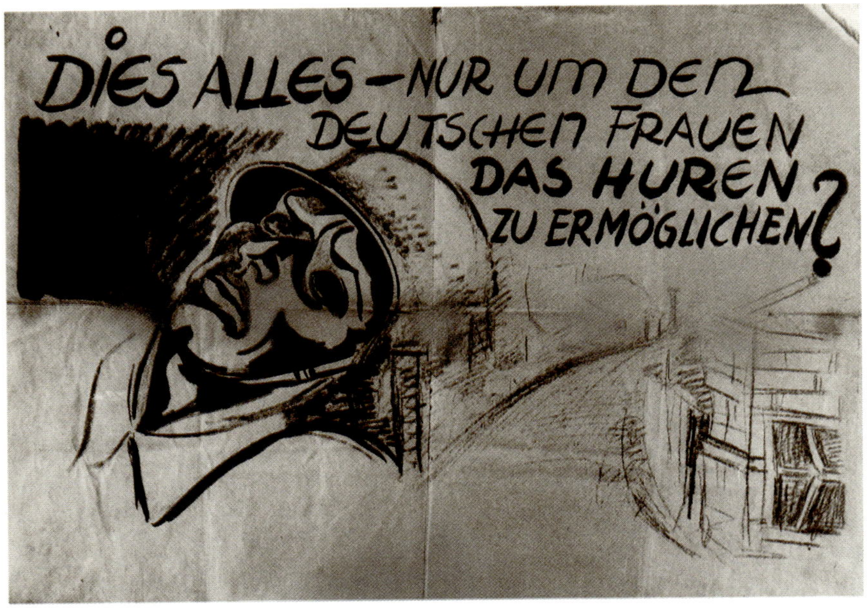

Konfisziertes Plakat. 1946

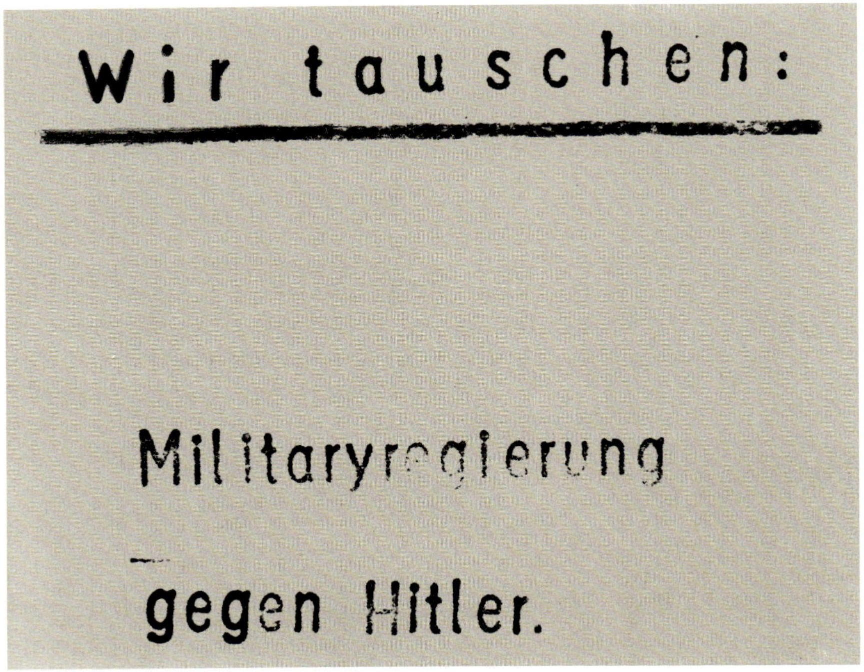

Beschlagnahmter Anschlag politischen Inhalts. 1945

en um Kleiderspenden, Unterkunftsersuchen, Erkundigungen nach Mitfahrgelegenheiten, insbesondere aber Tauschvorschläge auf der Verrechnungsbasis Ware gegen Ware (z. B. amerikanische Zigaretten), bzw. Ware gegen Lebensmittelmarken – dies war der gewöhnliche Inhalt der Anschläge. Doch auch Agitation suchte hier ihre papierene Verwirklichung. Sie reichte von primitiven Unmutsäußerungen bis hin zu massiven politischen Propagandaparolen.

Kunst und Unterhaltung

Nur in der letzten Phase des Krieges hatten auch in der Kunststadt München »die Musen geschwiegen«. Um so nachhaltiger meldeten sie sich nach dem Ende aller Kampfhandlungen wieder zu Wort, um den ungeheueren geistigen und emotionalen Hunger der Menschen zu stillen. Für viele war die Kunst, insbesondere die Musik, in der Not der Kriegsjahre zum beständigsten Freund geworden, der die Last eines trostlosen Alltags vergessen machen konnte. Nach dem Zusammenbruch aller äußeren Ordnungssysteme und im Konkurs der Ideen und Ideologien erwies sich allein das Reich der Harmonie als dauerhaft. Dankbar wurde die von den Amerikanern bescherte Freiheit der Meinungen und Anschauungen eingebracht in die neu einsetzende Konjunktur kultureller Aktivitäten, deren guter Geist Stadtbibliotheksdirektor Dr. Hans Ludwig Held war. Provisorische Aufführungsplätze wie der Brunnenhof der Residenz und die Aula der Universität ersetzten zerstörte Theater- und Konzertsäle, und in notdürftig zusammengeflickten Ruinen etablierten sich die ersten Kleinkunstbühnen und Kabaretts. Die Münchner Philharmoniker und die »Münchner Kammerspiele im Schauspielhaus« erwarben sich unvergessene Verdienste um das wiedererwachende Münchner Kulturleben, wobei die finanzielle Förderung der Künste durch den Münchner Stadtrat nicht immer auf Zustimmung bei der Besatzungs-

Orchester der Landeshauptstadt München
DIE MÜNCHENER PHILHARMONIKER

Prinzregententheater

Sonntag, 8. Juli 1945, 16 Uhr

1. Symphonie-Konzert

Leitung:

Generalmusikdirektor Eugen Jochum

Vortragsfolge:

MENDELSSOHN: Ouverture zu Shakespeare's Sommernachtstraum op. 21

MOZART: Symphonie Nr. 40 K. V. 550
Allegro molto
Andante
Menuetto: Allegretto – Allegro assai

Pause

TSCHAIKOWSKY: Symphonie Nr. IV f-moll op. 36
Andante sostenuto
Andante in modo di canzona
Scherzo: Piccicato, ostinato-Allegro
Finale: Allegro con fuoco

Programm des 1. Symphonie-Konzerts der Münchner Philharmoniker nach Kriegsende. 8. Juli 1945

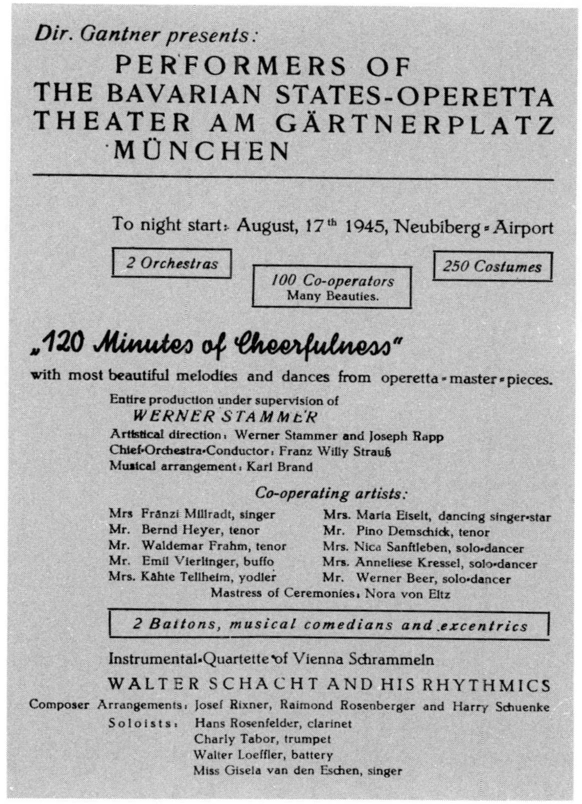

Dir. Gantner presents:
PERFORMERS OF
THE BAVARIAN STATES-OPERETTA
THEATER AM GÄRTNERPLATZ
MÜNCHEN

To night start: August, 17th 1945, Neubiberg-Airport

2 Orchestras | 100 Co-operators Many Beauties. | 250 Costumes

„120 Minutes of Cheerfulness"
with most beautiful melodies and dances from operetta-master-pieces.
Entire production under supervision of
WERNER STAMMER
Artistical direction: Werner Stammer and Joseph Rapp
Chief-Orchestra-Conductor: Franz Willy Strauß
Musical arrangement: Karl Brand

Co-operating artists:
Mrs Fränzi Millradt, singer
Mr. Bernd Heyer, tenor
Mr. Waldemar Frahm, tenor
Mr. Emil Vierlinger, buffo
Mrs. Kähte Tellheim, yodler
Mrs. Maria Eiselt, dancing singer-star
Mr. Pino Demschick, tenor
Mrs. Nica Sanftleben, solo-dancer
Mrs. Anneliese Kressel, solo-dancer
Mr. Werner Beer, solo-dancer
Mastress of Ceremonies: Nora von Eltz

2 Battons, musical comedians and excentrics

Instrumental-Quartette of Vienna Schrammeln
WALTER SCHACHT AND HIS RHYTHMICS
Composer Arrangements: Josef Rixner, Raimond Rosenberger and Harry Schuenke
Soloists: Hans Rosenfelder, clarinet
Charly Tabor, trumpet
Walter Loeffler, battery
Miss Gisela van den Eschen, singer

Programm einer Aufführung des Gärtnerplatz-Theaters am Flugplatz Neubiberg für die Besatzungstruppen. 17. August 1945

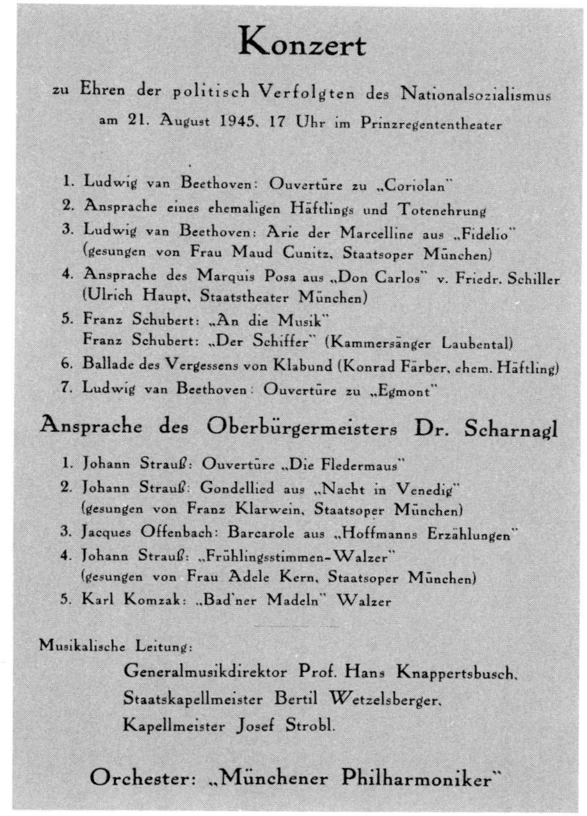

Konzert

zu Ehren der politisch Verfolgten des Nationalsozialismus
am 21. August 1945, 17 Uhr im Prinzregententheater

1. Ludwig van Beethoven: Ouvertüre zu „Coriolan"
2. Ansprache eines ehemaligen Häftlings und Totenehrung
3. Ludwig van Beethoven: Arie der Marcelline aus „Fidelio" (gesungen von Frau Maud Cunitz, Staatsoper München)
4. Ansprache des Marquis Posa aus „Don Carlos" v. Friedr. Schiller (Ulrich Haupt, Staatstheater München)
5. Franz Schubert: „An die Musik"
Franz Schubert: „Der Schiffer" (Kammersänger Laubental)
6. Ballade des Vergessens von Klabund (Konrad Färber, ehem. Häftling)
7. Ludwig van Beethoven: Ouvertüre zu „Egmont"

Ansprache des Oberbürgermeisters Dr. Scharnagl

1. Johann Strauß: Ouvertüre „Die Fledermaus"
2. Johann Strauß: Gondellied aus „Nacht in Venedig" (gesungen von Franz Klarwein, Staatsoper München)
3. Jacques Offenbach: Barcarole aus „Hoffmanns Erzählungen"
4. Johann Strauß: „Frühlingsstimmen-Walzer" (gesungen von Frau Adele Kern, Staatsoper München)
5. Karl Komzak: „Bad'ner Madeln" Walzer

Musikalische Leitung:
Generalmusikdirektor Prof. Hans Knappertsbusch,
Staatskapellmeister Bertil Wetzelsberger,
Kapellmeister Josef Strobl.

Orchester: „Münchener Philharmoniker"

Programm eines Konzerts der Münchner Philharmoniker zu Ehren der politisch Verfolgten. 21. August 1945

macht stieß. Ein von der Militärregierung an die Münchner Bürgermeister und Stadträte adressierter Brief vom 19. September 1947 macht dies deutlich:

»Es ist mir bekanntgeworden, daß Sie bei einer im Rathaus am 16. September 1947 abgehaltenen Sitzung des Stadtrates einen Ausgabeposten von RM 65000,– für den Wiederaufbau von städtischen Theatern gebilligt haben. Dies wirft ja nun ein trauriges Licht auf ihre politische Urteilskraft. Während so viele Ihrer Schulen wieder aufgebaut werden müßten und andere wichtigere Dinge dringend nötig wären, um Ihre Kinder an Leib und Seele vor Schaden zu bewahren, bestimmen Sie dieses Geld für Theater. Ich bin völlig sicher, daß diese Tatsache einen sehr schlechten Eindruck auf die zu Besuch hier weilenden Kongreßmitglieder aus den USA machen wird.

Schade!

gez. James K. Kelly
Oberstleutnant
Abteilungsleiter.«

Mindestens ebenso wichtig wie das überall einsetzende Musizieren und Theaterspielen war die im August 1945 ermöglichte Wiederinbetriebnahme von Kinos, die nun mit amerikanischen Spielfilmen den gelegentlichen Übertritt aus der Welt des Mangels und der Zerstörung in eine heile Traumwelt gestatteten.

Ein besonderer Anlaß zur Freude für alle Münchner war das am 14. September 1946 von Oberbürgermeister Dr. Karl Scharnagl eröffnete Herbstfest auf der Theresienwiese, das mit dem Angebot von Dünnbier und belegten Broten – selbstverständlich gegen Markenabgabe – als erste zaghafte Andeutung eines richtigen Oktoberfestes verstanden werden durfte. Aber erst im Herbst 1949 feierte die traditionelle »Wies'n« wieder ihre Auferstehung.

Schule

Wie in allen Kriegen hatten besonders die Kinder unter dem allgemeinen Elend und der Zerstörung zu leiden. Die 1945 eingeschulten Erstkläßler waren magere, bleichwangige Geschöpfe in abgetragenem Kinderzeug oder in umgearbeiteter und geflickter Erwachsenenkleidung, die im Luftschutzkeller großgeworden waren. Viele lebten in drückensten häuslichen Verhältnissen, in überbelegten Wohnungen oder in Kellerlöchern. Niemand kümmerte sich um ihre großen und kleinen Probleme, und überdies waren die Väter meist gefallen, vermißt oder kriegsgefangen. Manche hatten tagsüber noch für jüngere Geschwister zu sorgen oder mußten durch das gefährliche Suchen und Sammeln verwertbarer Altmetalltrümmer und Brennstoffe zum Unterhalt und zum Auskommen ihrer Familien beitragen.

Da von den 76 Münchner Volksschulen gut die Hälfte vernichtet oder schwer beschädigt war, die andere Hälfte aber in den letzten Kriegsjahren als Hilfskrankenhäuser, Behördenausweichstellen, Möbellager oder Gewerbebetriebe Verwendung gefunden hatte, bzw. nach Kriegsende zur Unterbringung von Flüchtlingen herangezogen worden war, blieb der zur Verfügung stehende Unterrichtsraum weit hinter den Anforderungen zurück. Am 22. Mai 1945 mußte das Schulreferat resümieren, daß nach geringeren und größeren Instandsetzungsarbeiten im Bereich der städtischen Volksschulen insgesamt 16 Schulgebäude wieder benützbar gemacht werden könnten und im Bereich der städt. Berufs-, Mittel- und Oberschulen insgesamt 8 Schulgebäude. Diese traurigen Perspektiven konnten nur mit einer schichtweisen Unterrichtserteilung aufgefangen werden. Doch nur wenige ausgebildete Lehrkräfte standen zur Verfügung, da gerade im Bereich der Jugenderziehung die Mitgliedschaft in der NSDAP und ihrer Gliederungen eine berufliche Weiterverwendung ausschloß. Reaktivierte Pensionisten und teilweise unqualifizierte junge Hilfskräfte traten vor die hoffnungslos überfüllten Klassen. Es gab weder Schiefertafeln noch Schulbücher, es gab keine Hefte, keine Griffel und keine Bleistifte. Der Schulbesuch, der an kalten Tagen mit einem Holz- oder Kohlestück für den Ofen im Klassenzimmer honoriert sein wollte, wurde deshalb mehr als eine Anregung für die private häusliche Beschäftigung, denn als ordentlicher Unterricht verstanden. So fristeten also über Jahre hinweg abertausende Münchner Schulkinder ihr schulisches Dasein in notdürftig ausgebesserten, wegen des akuten Glasmangels halbdunklen und nur provisorisch möblierten Sälen. Drangvolle Enge, Kälte und Hunger blieben für viele der damaligen Schulkinder die nachhaltigste Erinnerung an die Volksschuljahre. Wenigstens garantierte ab Frühjahr 1947 die im Rahmen der »Hoover-Spende« eingeführte Schulspeisung den größtenteils unterernährten Kindern eine tägliche Mahlzeit (zu 350 Kalorien), die unter Aufsicht in der Schule einzunehmen war.

Ein schulisches Notstandsgebiet von katastrophalem Ausmaß war Pasing, das vor seiner Eingemeindung 1938 als »Schulstadt« einen besonders guten Ruf genossen hatte. Ein Bericht des kommissarischen Rektors der evangelischen Volksschule III an der Engelbertstraße vom 25. Februar 1948 beschreibt die damaligen Verhältnisse:

»Da das eigene Schulgebäude in der Engelbertstraße von der Lehrerbildungs-Anstalt belegt ist, wurden der Schule

Spendet

für die

Schulkinderspeisung

Sammelaktion des Vereins des Bayer. Einzelhandels E.V.

Spendenaufruf für die Schulkinderspeisung. 1948

im Frühjahr 1946 im Gebäude der Oberschule nur zwei Klaßzimmer zur Verfügung gestellt. 363 Kinder – in sieben Klassen – in zwei Räumen! Da bei durchgehendem Unterricht von 8 bis 17 Uhr in diesen zwei Räumen wöchentlich 100 Unterrichtsstunden erteilt werden können, kommen auf jede Klasse ca. 14 Wochenstunden, wovon zwei Stunden auf den Religions-Unterricht entfallen. Rechnet man für die Schülerspeisung täglich je eine halbe Stunde pro Klasse, so verbleiben für den Unterricht je Klasse 11 Wochenstunden (einschließlich zwei Religionsstunden). Die selbstverständlichen Folgen sind 1) Fortfall sämtlicher

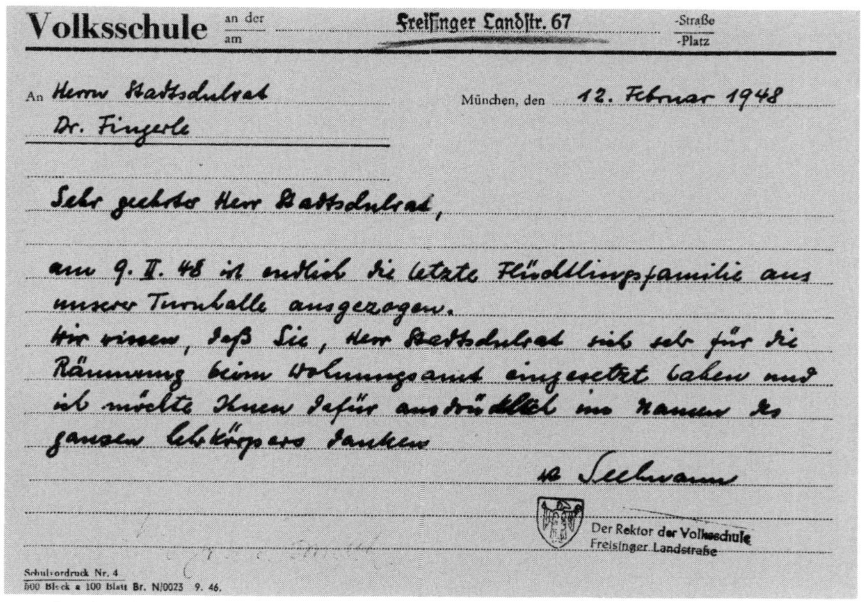

Volksschule an der Freisinger Landstr. 67

An Herrn Stadtschulrat Dr. Fingerle

München, den 12. Februar 1948

Sehr geehrter Herr Stadtschulrat,

am 9. II. 48 ist endlich die letzte Flüchtlingsfamilie aus unserer Turnhalle ausgezogen. Wir wissen, daß Sie, Herr Stadtschulrat sich sehr für die Räumung beim Wohnungsamt eingesetzt haben und ich möchte Ihnen dafür ausdrücklich im Namen des ganzen Lehrkörpers danken.

Der Rektor der Volksschule Freisinger Landstraße

Schulvordruck Nr. 4
500 Block à 100 Blatt Br. N/0023 9. 46.

Dankschreiben des Rektors der Volksschule an der Freisinger Landstraße an Stadtschulrat Fingerle. 12. Februar 1948

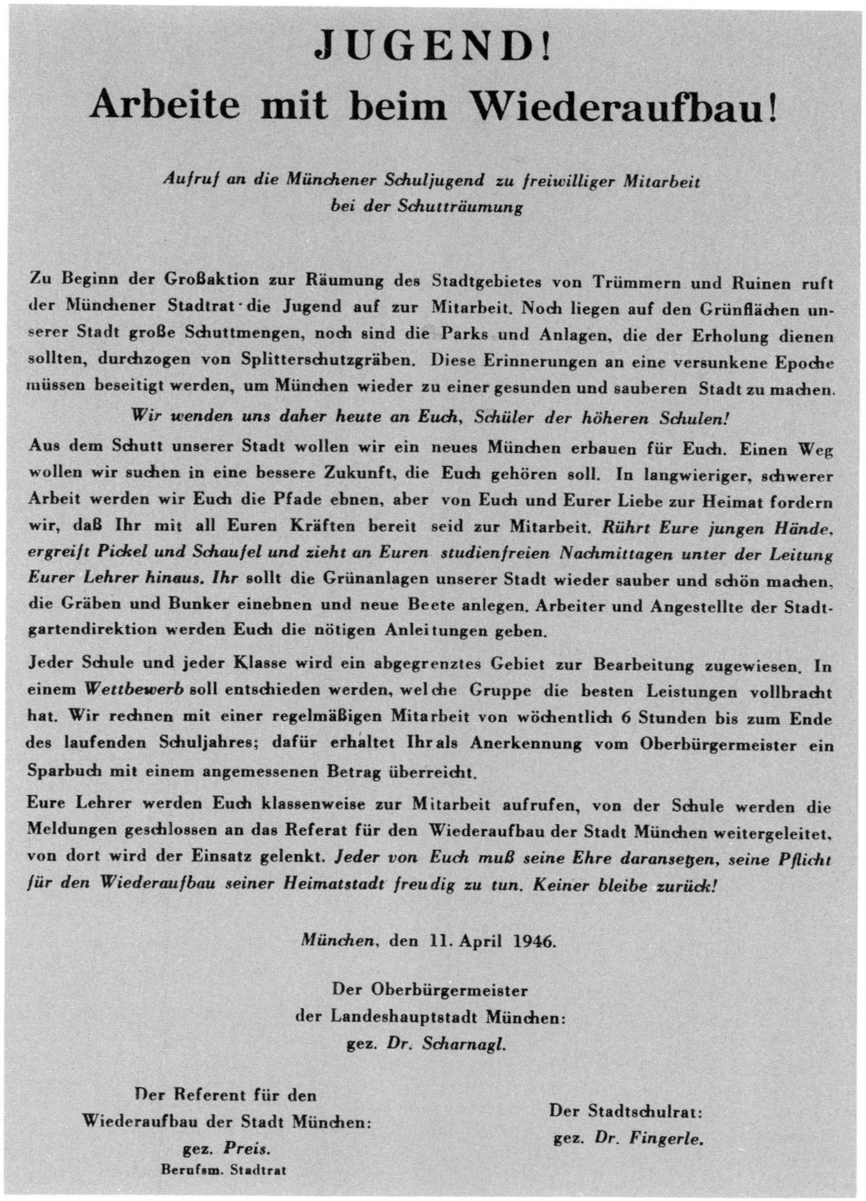

JUGEND!

Arbeite mit beim Wiederaufbau!

Aufruf an die Münchener Schuljugend zu freiwilliger Mitarbeit bei der Schutträumung

Zu Beginn der Großaktion zur Räumung des Stadtgebietes von Trümmern und Ruinen ruft der Münchener Stadtrat die Jugend auf zur Mitarbeit. Noch liegen auf den Grünflächen unserer Stadt große Schuttmengen, noch sind die Parks und Anlagen, die der Erholung dienen sollten, durchzogen von Splitterschutzgräben. Diese Erinnerungen an eine versunkene Epoche müssen beseitigt werden, um München wieder zu einer gesunden und sauberen Stadt zu machen.

Wir wenden uns daher heute an Euch, Schüler der höheren Schulen!

Aus dem Schutt unserer Stadt wollen wir ein neues München erbauen für Euch. Einen Weg wollen wir suchen in eine bessere Zukunft, die Euch gehören soll. In langwieriger, schwerer Arbeit werden wir Euch die Pfade ebnen, aber von Euch und Eurer Liebe zur Heimat fordern wir, daß Ihr mit all Euren Kräften bereit seid zur Mitarbeit. *Rührt Eure jungen Hände, ergreift Pickel und Schaufel und zieht an Euren studienfreien Nachmittagen unter der Leitung Eurer Lehrer hinaus. Ihr* sollt die Grünanlagen unserer Stadt wieder sauber und schön machen, die Gräben und Bunker einebnen und neue Beete anlegen. Arbeiter und Angestellte der Stadtgartendirektion werden Euch die nötigen Anleitungen geben.

Jeder Schule und jeder Klasse wird ein abgegrenztes Gebiet zur Bearbeitung zugewiesen. In einem *Wettbewerb* soll entschieden werden, welche Gruppe die besten Leistungen vollbracht hat. Wir rechnen mit einer regelmäßigen Mitarbeit von wöchentlich 6 Stunden bis zum Ende des laufenden Schuljahres; dafür erhaltet Ihr als Anerkennung vom Oberbürgermeister ein Sparbuch mit einem angemessenen Betrag überreicht.

Eure Lehrer werden Euch klassenweise zur Mitarbeit aufrufen, von der Schule werden die Meldungen geschlossen an das Referat für den Wiederaufbau der Stadt München weitergeleitet, von dort wird der Einsatz gelenkt. *Jeder von Euch muß seine Ehre daransetzen, seine Pflicht für den Wiederaufbau seiner Heimatstadt freudig zu tun. Keiner bleibe zurück!*

München, den 11. April 1946.

Der Oberbürgermeister
der Landeshauptstadt München:
gez. *Dr. Scharnagl.*

Der Referent für den
Wiederaufbau der Stadt München:
gez. *Preis.*
Berufsm. Stadtrat

Der Stadtschulrat:
gez. *Dr. Fingerle.*

Appell an die Münchner Schuljugend, bei der Schutträumung zu helfen, 11. April 1946

technischer Fächer, 2) äußerste Beschränkung des Kern-Unterrichts. Bei dreimaligem Schicht-Wechsel kommt der hygienische Mißstand dazu: mangelhafte Durchlüftung nach Klaßwechsel, Aufenthalt der Kinder bei Klaßwechsel im kalten Korridor. Da auch ein Lehrerzimmer fehlt, müssen die Lehrkräfte die Präsenzstunde ebenfalls im Korridor zubringen. Die unausweichliche Folge war jetzt die Erkrankung von vier Lehrkräften (Gelenk-Rheumatismus und Grippe). Der Mangel an Klaßzimmer macht auch eine Teilung großer Klassen unmöglich; so zählen zwei Klassen je 70 Kinder, darunter auch das erste Schuljahr, ein unmöglicher Zustand! Folge: Erkrankung der Lehrkraft an nervöser Erschöpfung.«

Doch nicht nur der Schulraummangel bereitete den Verantwortlichen Sorge. In einem Bericht vom 19. Februar 1946 über die Verhältnisse im Volksschulgebäude an der Rothpletzstraße 40 heißt es:

»Seit 26.12.45 benützt eine amerikanische farbige Truppeneinheit, Abt. 4036, den Gymnastiksaal und zwei weitere Räume des Hauses zu Unterhaltungs- und Tanzzwekken. Dabei werden jedesmal die Aborte und die mitbenützten Räume in einem äußerst schmutzigen Zustand zurückgelassen, Menschenkot in den Räumen, Gängen und auf den Treppen. Herumliegende, gebrauchte Präservative werden von der Jugend aufgelesen und zu kindlichen Spielen benützt, z. B. aufgeblasen. Frauen und Mädchen, die wegen Eintritt der Sperrstunde nicht mehr nach Hause gehen können, bleiben nachts über im Saal und verlassen das Haus erst gegen 11 Uhr vormittags. Am 29.1.46, gegen 22 Uhr, wurde ein Neger im Saale erschossen, ein zweiter schwer verletzt.«

Unermüdlich und mit großem Erfolg kämpfte der inzwischen schon legendäre Stadtschulrat Dr. Fingerle (1945–1976 um die Instandsetzung, die Freimachung und den Neubau von Schulhäusern. Nur geringe Ausgabemittel standen bis Ende der vierziger Jahre für die Ausstattung der Schulen mit Lehr- und Anschauungsmaterial zur Verfügung und die Anschaffung von Schulmöbeln blieb lange ein nicht zu verantwortender Luxus. Dankbar nahm deshalb das Schulreferat 1948 die Stiftung von 250 Schulbänken durch das Schweizer Rote Kreuz entgegen.

Nach der Einschüchterung und Vergewaltigung der oppositionellen Kräfte durch das engmaschige Terrorsystem des Dritten Reichs ermöglichte der Einmarsch der Amerikaner auch das Wiedererwachen und die Neubelebung demokratischer Gruppierungen und Parteien. Aber erst im Spätherbst 1945 erlaubte die Militärregierung politische Zusammenschlüsse und die Propaganda mit Handzetteln und Plakaten.

Angesichts des Debakels der braunen Einheitspartei hielt es der »kleine Mann auf der Straße« zunächst jedoch für angezeigt, auch der nun aufschießenden Pluralität politische Zielsetzung gegenüber Vorsicht walten zu lassen. Die perfekte Bevormundung der besiegten Deutschen durch die Alliierten gab vorerst überdies kaum Gelegenheit, entsprechenden politischen Gestaltungswillen in der Praxis zu üben und so blieb die vielgelobte »Democracy« für den Durchschnittsmünchner mehr eine Angelegenheit der Theorie.
Die administrativen Führungspositionen bei Staat und Stadt wurden zwar hauptsächlich an bewährte Demokraten der Jahre vor 1933 vergeben, doch waren die neuen Verwaltungsspitzen nur Befehlsempfänger der Besatzungsmacht, wie auch Anordnungen deutscher Stellen stets der Genehmigung durch die Militärregierung bedurften. Daß die Amerikaner mit den von ihnen eingesetzten und gesteuerten Politikern nicht gerade zimperlich umsprangen, zeigt am deutlichsten die ohne großes Aufhebens durchgeführte Auswechslung des ersten bayerischen Nachkriegsministerpräsidenten Fritz Schäffer durch Wilhelm Hoegner im September 1945.

Im Münchner Rathaus hatte der 1933 aus seinem Amt gedrängte ehemalige Oberbürgermeister Scharnagl am 4. Mai 1945 erneut die Leitung der Stadtverwaltung aufgebürdet bekommen. Unter der Aufsicht der amerikanischen Stadtkommandanten Eugene Keller und (seit November 1946) James K. Kelly und beraten von einem gleichfalls von den Amerikanern einberufenen Stadtratsgremium, mußte Scharnagl den Neuaufbau einer freiheitlichen Kommunalverwaltung in die Wege leiten. Thomas Wimmer, sein einstiger politischer Gegner, hat ihn darin als 3. Bürgermeister (ab 16. August 1945) und als 2. Bürgermeister (ab 1. Dezember 1945) sachkundig und tatkräftig unterstützt.

Mehr als dieser dornige politische Neubeginn interessierte in den ersten Jahren nach Kriegsende einen Teil der Münchner aber die mindestens ebenso schmerzhafte »Vergangenheitsbewältigung«. Das von den Amerikanern mit großer Akribie eingeleitete Entnazifizierungsprogramm sah eine allgemeine Abrechnung mit der dunklen politischen Vergangenheit Deutschlands nach dem Maß der persönlichen Verstrickung und des Verschuldens vor und bescherte rund 100000 »braunen« Münchnern Angst und Gewissensnöte. Ein auf 131 Einzelpunkte angelegter Fragebogen verlangte die schonungslose Offenlegung aller gehabten Verbindungen mit dem NS-Staat, und die im Juni 1946 anlaufenden sogenannten Spruchkammerverfahren forderten alle Nutznießer und Helfer der Hitlerdiktatur vor die Schranken des Gerichts. Der Ausgang dieses Verfahrens war für die Startposition innerhalb der neuen Ordnung von größter Bedeutung. Gemäß der Dauer der Parteizugehörigkeit oder der in Partei und Staat ausgefüllten Funktionen und Positionen wurden die Vorgeladenen eingestuft in Hauptschuldige, Belastete, Minderbelastete, Mitläufer und Entlastete. Der Einstufung durch die Spruchkammer entsprachen Sühnemaßnahmen, die von der Einweisung in Arbeitslager bis zu Geldbußen reichten. Denunzianten hatten wieder Konjunktur, und die juristische und intellektuelle Überforderung vieler der mit der Verfahrensabwicklung Beauftragten lag auf der Hand. Lüge und Wahrheit, Schuld und Unschuld, Reue und Verstellung konnten nur sehr schwer auseinandergehalten werden und führten in vielen Fällen zu offensichtlichen Ungerechtigkeiten. Aktivisten der ersten Stunde kamen z.T. verhältnismäßig ungeschoren davon, während die Masse der kleinen Parteigenossen oft über Gebühr zu leiden hatte. Denn der automatische Verlust der Berufsposition, gegebenenfalls auch der Wohnung, und ein die körperlichen und seelischen Kräfte überforderndes Dasein als Hilfsarbeiter waren die zwangsläufigen Konsequenzen der zurückliegenden Verblendung oder Anpassung. Kein Wunder, daß unter dem Eindruck der als Rachsucht empfundenen »Denazification« und angesichts der sich verschlechternden wirtschaftlichen Lage die Haltung der Münchner gegenüber der Besatzungsmacht nicht immer von freundlichen Gefühlen getragen war. Ungeschicklichkeiten, Anmaßungen und Entgleisungen einzelner amerikanischer Soldaten und ihrer abschätzig als »Flitscherl« apostrophierten deutschen Begleiterinnen machten zusätzlich böses Blut. Doch auf die Dauer ließ sich die rigorose Entnazifizierungspolitik nicht durchhalten, eine Erkenntnis, die sich seit 1947 in gewollter Nachlässigkeit und in zunehmender Großzügigkeit der Amerikaner äußerte.

Allerdings war die Auseinandersetzung mit dem Nationalsozialismus und seinen Folgen nicht nur eine Frage der materiellen Sühne.

Verstört und erschüttert hatte die Mehrzahl der Münchner reagiert, als die Alliierten nach Kriegsende die Greuel der deutschen Konzentrationslager offengelegt hatten. Über die Existenz solcher Lager hatte man selbstverständlich seit 1933 gewußt und sich vor ihnen gehütet. Das Ausmaß der darin begangenen Verbrechen begann aber erst jetzt ins Bewußtsein der Menschen zu dringen. Die grausamen Torturen an Andersdenkenden, das Abschlachten der Regimegegner, insbesondere aber die bestialische Ermordung von Millionen europäischer Juden hatten den deutschen Namen geschändet und ließen Einsatz und Opferbereitschaft von Front und Heimat für »Führer und Vaterland« nachträglich lächerlich und sinnlos erscheinen. Langsam begann man den Abscheu, den die zivilisierte Welt vor Deutschland zeigte, zu begreifen. Inmitten des Schutts der durch menschliche Erbärmlichkeit und geistige Perversionen ruinierten traditionellen Werte erhoben sich allein

MG / PS / G / 9a
(Rev. 15 May 45)

MILITARY GOVERNMENT OF GERMANY

Fragebogen

WARNING: Read the entire Fragebogen carefully before you start to fill it out. The English language will prevail if discrepancies exist between it and the German translation. Answers must be typewritten or printed clearly in block letters. Every question must be answered precisely and conscientiously and no space is to be left blank. If a question is to be answered by either "yes" or "no", print the word "yes" or "no" in the appropriate space. If the question is inapplicable, so indicate by some appropriate word or phrase such as "none' or "not applicable". Add supplementary sheets if there is not enough space in the questionaire. Omissions or false or incomplete statements are offenses against Military Government and will result in prosecution and punishment.

WARNUNG: Vor Beantwortung ist der gesamte Fragebogen sorgfältig durchzulesen. In Zweifelsfällen ist die englische Fassung maßgebend. Die Antworten müssen mit der Schreibmaschine oder in klaren Blockbuchstaben geschrieben werden. Jede Frage ist genau und gewissenhaft zu beantworten und keine Frage darf unbeantwortet gelassen werden. Das Wort „Ja" oder „Nein" ist an der jeweilig vorgesehenen Stelle unbedingt einzusetzen. Falls die Frage durch „Ja" oder „Nein" nicht zu beantworten ist, so ist eine entsprechende Antwort, wie z. B. „keine" oder „nicht zutreffend" zu geben. In Ermangelung von ausreichendem Platz in dem Fragebogen können Bogen angeheftet werden. **Auslassungen sowie falsche oder unvollständige Angaben stellen Vergehen gegen die Verordnungen der Militärregierung dar und werden dementsprechend geahndet.**

A. PERSONAL / A. Persönliche Angaben

1. List position for which you are under consideration (include agency or firm). — 2. Name (Surname). (Fore Names). — 3. Other names which you have used or by which you have been known. — 4. Date of birth. — 5. Place of birth. — 6. Height. — 7. Weight. — 8. Color of hair. — 9. Color of eyes. — 10. Scars, marks or deformities. — 11. Present address (City, street and house number). — 12. Permanent residence (City, street and house number). — 13. Identity card type and Number. — 14. Wehrpass No. — 15. Passport No. — 16. Citizenship. — 17. If a naturalized citizen, give date and place of naturalization. — 18. List any titles of nobility ever held by you or your wife or by the parents or grandparents of either of you. — 19. Religion. — 20. With what church are you affiliated? — 21. Have you ever severed your connection with any church, officially or unofficially? — 22. If so, give particulars and reason. — 23. What religious preference did you give in the census of 1939? — 24. List any crimes of which you have been convicted, giving dates, locations and nature of the crimes. —

1. Für Sie in Frage kommende Stellung: ....

2. Name: .... 3. Andere von Ihnen benutzte Namen
Zu-(Familien-)name Vor-(Tauf-)name
oder solche, unter welchen Sie bekannt sind ....

4. Geburtsdatum .... 5. Geburtsort ....

6. Größe .... 7. Gewicht .... 8. Haarfarbe .... 9. Farbe der Augen ....

10. Narben, Geburtsmale oder Entstellungen ....

11. Gegenwärtige Anschrift ....
(Stadt, Straße und Hausnummer)

12. Ständiger Wohnsitz ....
(Stadt, Straße und Hausnummer)

13. Art der Ausweiskarte .... Nr. .... 14. Wehrpaß-Nr. .... 15. Reisepaß-Nr. ....

16. Staatsangehörigkeit .... 17. Falls naturalisierter Bürger, geben Sie Datum und Einbürgerungsort an ....

18. Aufzählung aller Ihrerseits oder seitens Ihrer Ehefrau oder Ihrer beiden Großeltern innegehabten Adelstitel ....

19. Religion .... 20. Welcher Kirche gehören Sie an? .... 21. Haben Sie je offiziell oder inoffiziell Ihre Verbindung mit einer Kirche aufgelöst? .... 22. Falls ja, geben Sie Einzelheiten und Gründe an .... 23. Welche Religionsangehörigkeit haben Sie bei der Volkszählung 1939 angegeben? .... 24. Führen Sie alle Vergehen, Übertretungen oder Verbrechen an, für welche Sie je verurteilt worden sind, mit Angaben des Datums, des Orts und der Art ....

B. SECONDARY AND HIGHER EDUCATION / B. Grundschul- und höhere Bildung.

Name & Type of School (If a special Nazi school or military academy, so specify) Name und Art der Schule (im Fall einer besonderen NS oder Militärakademie geben Sie dies an)	*Location* Ort	*Dates of Attendance* Wann besucht?	*Certificate Diploma or Degree* Zeugnis, Diplom o. akademischer Grad	*Did Abitur permit University matriculation?* Berechtigt Abitur od. Reifezeugnis zur Universitätsimmatrikulation?	*Date* Datum

25. List any German University Student Corps to which you have ever betonged. — 26. List (giving location and dates) any Napola. Adolph Hitler School, Nazi Leaders College or military academy in which you have ever been a teacher. — 27. Have your children ever attended any of such schools? Which ones, where and when? — 28. List (giving location and dates) any school in which have ever been a Vertrauenslehrer (formerly Jugendwalter).

25. Welchen deutschen Universitäts-Studentenburschenschaften haben Sie je angehört? ....

26. In welchen Napola, Adolf-Hitler-, NS-Führerschulen oder Militärakademien waren Sie Lehrer? Anzugeben mit genauer Orts- und Zeitbestimmung ....

27. Haben Ihre Kinder eine der obengenannten Schulen besucht? .... Welche, wo und wann? ....

28. Führen Sie (mit Orts- und Zeitbestimmung) alle Schulen an, in welchen Sie je Vertrauenslehrer (vormalig Jugendwalter) waren ....

C. PROFESSIONAL OR TRADE EXAMINATIONS / C. Berufs- oder Handwerksprüfungen

Name of Examination Name der Prüfung	*Place Taken* Ort	*Result* Resultat	*Date* Datum

Der Fragebogen zur Entnazifizierung (Auszug). 1945

Das Originalformular des Fragebogens war 86 cm lang und beidseitig bedruckt.

E. MEMBERSHIP IN ORGANIZATIONS / E. Mitgliedschaften

40. Indicate on the following chart whether or not you were a member of and any offices you have held in the organizations listed below. Use lines 96 to 98 to specify any other associations, society, fraternity, union, syndicate, chamber, institute, group, corporation, club or other organization of any kind, wheter, social, political, professional, educational, cultural, industrial, commercial or honorary, with which you have ever been connected or associated. — Column 1: Insert either "yes" or "no" on each line to indicate whether or not you have ever been a member of the organization listed. If you were a candidate, disregard the columns and write in the word "candidate" followed by the date of your application for membership. — Column 2: Insert date on which you joined. — Column 3: Insert date your membership ceased if you are no longer a member. Insert the word "Date" if you are still a member. — Column 4: Insert your membership number in the organization. — Column 5: Insert the highest office, rank or other post of authority which you have held at any time. If you have never held an office, rank or post of authority, insert the word "none" in Columns 5 and 6. — Column 6: Insert date of your appointment to the office, rank or post of authority listed in Column 5.

40. In der folgenden Liste ist anzuführen, ob Sie Mitglied einer der angeführten Organisationen waren und welche Ämter Sie darin bekleideten. Andere Gesellschaften, Handelsgesellschaften, Burschenschaften, Verbindungen, Gewerkschaften, Genossenschaften, Kammern, Instituten, Gruppen, Körperschaften, Vereine, Verbände, Klubs, Logen oder andere Organisationen beliebiger Art, seien sie gesellschaftlicher, politischer, beruflicher, sportlicher, bildender, kultureller, industrieller, kommerzieller oder ehrenamtlicher Art, mit welchen Sie je in Verbindung standen oder welchen Sie angeschlossen waren, sind auf Zeile 96—98 anzugeben.

1. Spalte: „Ja" oder „Nein" sind hier einzusetzen zwecks Angabe Ihrer jemaligen Mitgliedschaft in der angeführten Organisation. Falls Sie Anwärter auf Mitgliedschaft oder unterstützendes Mitglied oder im „Opferring" waren, ist, unter Nichtberücksichtigung der Spalten, das Wort „Anwärter" oder „unterstützendes Mitglied" oder „Opferring" sowie das Datum Ihrer Anmeldung oder die Dauer Ihrer Mitgliedschaft als unterstützendes Mitglied oder im Opferring einzusetzen.
2. Spalte: Eintrittsdatum.
3. Spalte: Austrittsdatum, falls nicht mehr Mitglied, anderenfalls ist das Wort „gegenwärtig" einzusetzen.
4. Spalte: Mitgliedsnummer.
5. Spalte: Höchstes Amt, höchster Rang oder eine anderweitig einflußreiche, von Ihnen bekleidete Stellung. Nichtzutreffendenfalls ist das Wort „keine" in Spalte 5 und 6 einzusetzen.
6. Spalte: Antrittsdatum für Amt, Rang oder einflußreiche Stellung laut Spalte 5.

	1 *Yes or No* ja oder nein	2 *From* von	3 *To* bis	4 *Number* Nummer	5 *Highest Office or rank held* Höchstes Amt oder höchster Rang	6 *Date Appointed* Antrittsdatum
41. NSDAP						
42. Allgemeine SS						
43. Waffen-SS						
44. Sicherheitsdienst der SS						
45. SA						
46. HJ einschl. BDM						
47. NSDStB						
48. NSDoB						
49. NSFrauenschaft						
50. NSKK						
51. NSFK						
52. Reichsbund der deutschen Beamten						
53. DAF						
54. KdF						
55. NSV						
56. NS-Reichsbund deutscher Schwestern						
57. NSKOV						
58. NS-Bund Deutscher Technik						
59. NS-Ärztebund						
60. NS-Lehrerbund						
61. NS-Rechtswahrerbund						
62. Deutsches Frauenwerk						
63. Reichsbund deutscher Familie						
64. NS-Reichsbund für Leibesübungen						
65. NS-Altherrenbund						
66. Deutsche Studentenschaft						
67. Deutscher Gemeindetag						
68. NS-Reichskriegerbund						
69. Reichsdozentenschaft						
70. Reichskulturkammer						
71. Reichsschrifttumskammer						
72. Reichspressekammer						
73. Reichsrundfunkkammer						
74. Reichstheaterkammer						
75. Reichsmusikkammer						
76. Reichskammer der bildenden Künste						
77. Reichsfilmkammer						
78. Amerika-Institut						
79. Deutsche Akademie München						
80. Deutsches Auslandsinstitut						
81. Deutsche Christen-Bewegung						
82. Deutsche Glaubensbewegung						
83. Deutscher Fichte-Bund						
84. [illegible]						

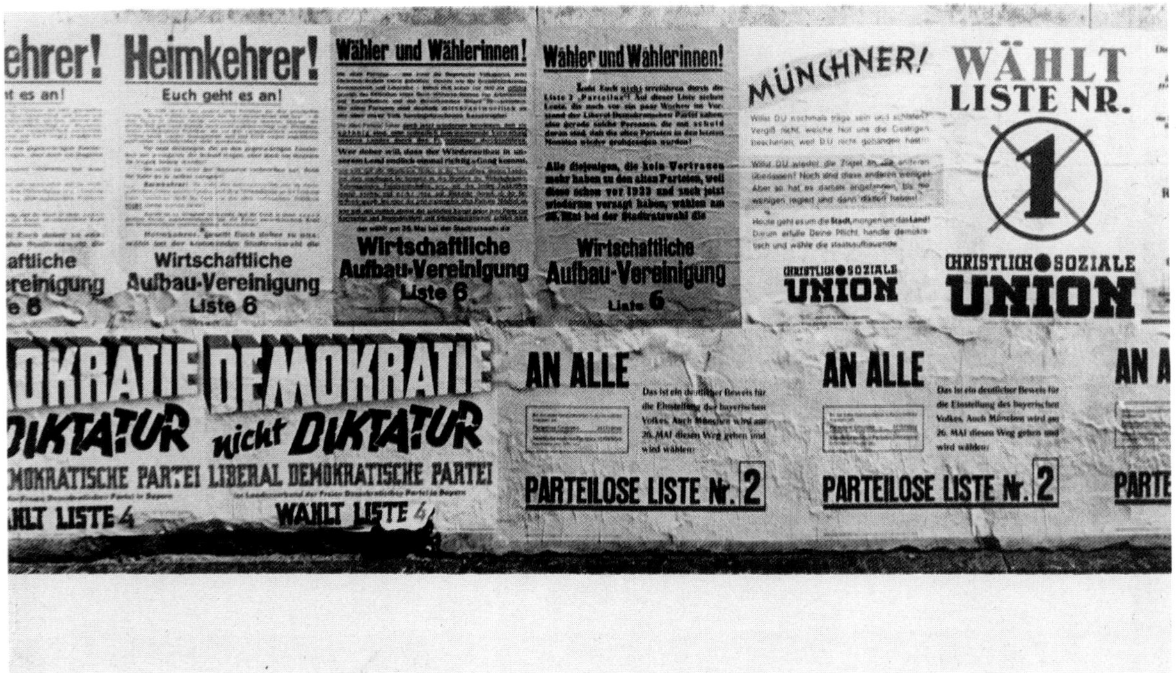

Wahlplakate zur Gemeindewahl am 26. Mai 1946

Wahlplakate der SPD zur Gemeindewahl am 30. Mai 1948 ►

noch die Kirchen als glaubwürdige moralische Autoritäten. Große Bekennergestalten und mutige Kämpfer gegen den Ungeist, wie Kardinal Faulhaber, Pater Rupert Mayer S.J. und der evangelische Landesbischof Meiser ermutigten zu Umkehr und Neubesinnung.

Demütig geworden suchten viele der Verirrten den Weg zurück zu Glauben und christlicher Hoffnung. Die noch benützbaren Kirchenräume waren bei den Gottesdiensten regelmäßig überfüllt und die durch eine Trümmerwelt ziehende Münchner Fronleichnamsprozession vom 3. Juni 1945 wurde zur erschütternden Demonstration des büßenden München. Die Rückkehr der Patrona Bavariae auf die Mariensäule am 18. November 1945, im Beisein von 20000 Menschen, war das Symbol des erneuerten jahrhundertealten Bundes von Land und Stadt mit der Himmelskönigin.

Nach zwölf Jahren Diktatur und einem Jahr »Reeducation« bekamen die Münchner erstmals am 26. Mai 1946 wieder Gelegenheit, durch einen Gang zur Urne über ihre politische Zukunft mitzuentscheiden. Bei dieser ersten Gemeindewahl errang die CSU 20 Sitze, die SPD 17, die KPD und die WAV (Wirtschaftliche Aufbauvereinigung) je 2 und die Parteilosen 1 Sitz. Der erste frei gewählte Münchner Stadtrat nach Kriegsende trat am 6. Juni 1946 zusammen und berief erwartungsgemäß Karl Scharnagl zum Oberbürgermeister und Thomas Wimmer zum 2. Bürgermeister.

Wenige Wochen später, am 30. Juni 1946, wurde die verfassungsgebende Landesversammlung gewählt – mit einer deutlichen Mehrheit für die CSU – und am 1. Dezember 1946 war der Volksentscheid über die Bayerische Verfassung und die Wahl des Landtags zu absolvieren. Auch hier dominierte die CSU, die mit Hans Ehard nunmehr den Ministerpräsidenten stellte. Die Stadtratswahl vom 30. Mai 1948 bescherte durch das Auftreten der Bayernpartei erstmals der SPD die Mehrheit im Rathaus (SPD 15 Sitze, CSU 10 Sitze, WAV 3 Sitze, KPD 6 Sitze, FDP 2 Sitze, Bayernpartei 13 Sitze, Parteilose Katholiken 1 Sitz) und führte zur Ablösung von Oberbürgermeister Scharnagl durch Thomas Wimmer am 1. Juli 1948.

Die Fliegerangriffe hatten die Verkehrswege und Verkehrsmittel Münchens größtenteils zerstört oder zumindest schwer beschädigt. So war bei Kriegsende die Wiederherstellung der Verkehrsverbindungen eine der Hauptsorgen der Verantwortlichen. Aus den Hauptbahnhofshallen mit ihrem deformierten und zerfetzten Stahlgerippe und aus den Trümmern von Starnberger- und Holzkirchner Bahnhof konnte kein Zug mehr ausfahren; die geknickten Signalmasten und die verbogenen Schienen des von Bombentrichtern aufgewühlten Gleiskörpers schienen nur noch mit Hilfe von Giganten entwirrbar. Beutemacher nützten die Tage nach dem Einmarsch der Amerikaner, um die ungeschützten Betriebseinrichtungen auszuplündern oder zu demontieren. Aus den Lokomotiven wurden die Meßuhren ausgebaut, die Sitzbänke aus den Wägen entfernt und die Vorhänge und Polster herausgetrennt. Immerhin wurde unter primitivsten Bedingungen seit Mitte Mai wieder ein Zugverkehr möglich, und die Wiederinstandsetzung der Gleis- und Sicherungsanlagen, sowie der beschädigten Lokomotiven war ein kleines Wunder, das auf dem unermüdlichen Einsatz und der Solidarität des Münchner Reichsbahnpersonals gründete. Da die Münchner Wirtschaft auf dem Schienenweg beliefert werden mußte, war die Inbetriebnahme des Güterverkehrs eine Frage des Überlebens. Leider blieb der Mangel an betriebsfähigen Waggons lange Zeit ein schweres Hindernis und war mit ein Grund für Engpässe bei der Lebensmittel- und Kohleversorgung der Stadt. Bald liefen auch wieder die ersten »Personenzüge« unter der halbzerstörten Hackerbrücke hindurch und an umgestürzten und ausgebrannten Waggons vorbei in das Bahnhofsgelände ein.

Schon Ende Mai lieferten Güterwägen auch die hilflose Fracht der Flüchtlingstransporte an: verzweifelte und erschöpfte Menschen, gezeichnet von den Leiden der Ausweisung, die auf den Bahnsteigen inmitten armseliger Habe ihres weiteren Schicksals harrten.

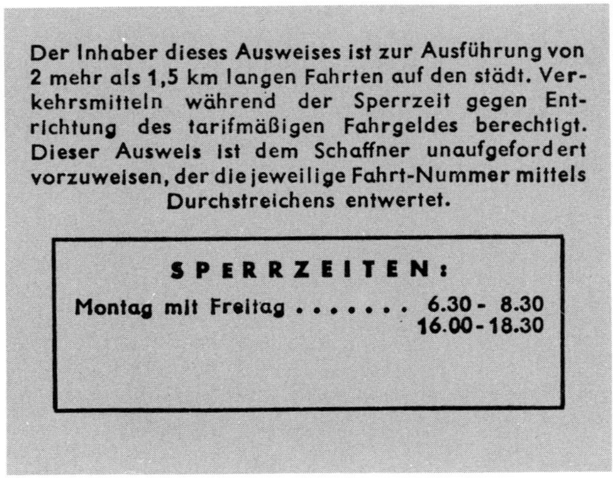

Der Inhaber dieses Ausweises ist zur Ausführung von 2 mehr als 1,5 km langen Fahrten auf den städt. Verkehrsmitteln während der Sperrzeit gegen Entrichtung des tarifmäßigen Fahrgeldes berechtigt. Dieser Ausweis ist dem Schaffner unaufgefordert vorzuweisen, der die jeweilige Fahrt-Nummer mittels Durchstreichens entwertet.

SPERRZEITEN:

Montag mit Freitag .... 6.30 - 8.30
16.00 - 18.30

Dieser Ausweis ist nicht übertragbar!

Fahrtberechtigungs-Ausweis

während der Sperrzeit, in der Zeit vom

21. Juli mit 13. Sept. 1947

104 - 105

Stadtwerke München, Verkehrsbetriebe

1

2

N/0025 6. 47. 1650000

Rückseite beachten!

Fahrtberechtigung für die Straßenbahn während der Sperrzeit. 1947

Auch der für Hamsterfahrten ins Umland unverzichtbare Personennahverkehr war nur unter unbeschreibbaren Drangsalen zu absolvieren. In überfüllten Abteilen, die schließlich allein über die Fenster zu betreten waren, auf Plattformen und Trittbrettern, ja auch Wagendächern und Puffern versuchte eine rucksackbehangene Menschentraube das Problem des Ortswechsels zu lösen. Glücklicherweise war der ursprüngliche Plan des NS-Reichsverteidigungskommissars, Gauleiter Giesler, sämtliche Münchner Brücken beim Herannahen der Amerikaner sprengen zu lassen, nicht zur Ausführung gelangt. Da über einige der zur Sprengung bestimmten Brücken wichtige Wasser-, Gas-, Strom- und Fernsprechleitungen führten, hätte die Ausführung dieses militärisch sinnlosen Plans nicht nur wichtige innerstädtische Verbindungen unterbrochen, sondern gleichzeitig auch das gesamte Zentrum für viele Monate von der Trinkwasser- und Energieversorgung abgeschnitten. Von abrückenden deutschen Kräften wurden lediglich die Grünwalder Brücke, die Leinthaler Brücke und die Föhringer Eisenbahnbrücke zerstört, andere Brükken (z. B. die Braunauer Eisenbahnbrücke und die Dr. Bosch-Brücke) wurden durch Teilsprengungen lediglich beschädigt.

Drei Wochen nach dem Einmarsch der Amerikaner nahm auch die Straßenbahn auf einigen Linien ihren Betrieb wieder auf. Nur langsam und abschnittweise konnte das an vielen Stellen unterbrochene Gleis- und Fahrleitungsnetz wieder zusammengeflickt werden, und nur mühsam ließen sich Teile des durch Kriegseinwirkung und Plünderung schwer in Mitleidenschaft gezogenen Wagenparks wieder ausrückbereit machen. Als innerstädtisches Verkehrsmittel erlebte die Straßenbahn einen nicht zu bewältigenden Fahrgastansturm. Angeklammert an die Außenseiten der Wagen, mußte in den Hauptbetriebszeiten ein Großteil der Münchner die beschwerliche und unsichere Reise wagen. Ständige Betriebsstörungen, verbunden mit der vorzeitigen Umkehr der Straßenbahnzüge, zwangen zu endlosen Wartepausen und erübrigten jede Vorhersage über die Fahrzeitdauer.

Von Bombentreffern aufgerissene Fahrbahndecken und große und kleine Schuttbarrieren zusammengestürzter Häuser verhinderten anfänglich die Passage wichtiger Straßenverbindungen. Kriegsgefangene deutsche Soldaten und zwangsrekrutierte ehemalige Parteigenossen leisteten die ersten Freilegungen und Räumungen.

Den Autoverkehr innerhalb des Stadtgebietes betritten zunächst fast ausschließlich die Jeeps und Lastkraftwagen der Militärregierung; für die wenigen benützbaren und lizenzierten privaten Fahrzeuge war die Fahrerlaubnis auf München und einen Umkreis von 20 km beschränkt.

Ein charakteristisches Transportsystem war das schon während des Krieges eingerichtete Kleinbahnnetz, das von qualmenden Dampflokomotiven mit Kipploren befahren wurde und der Weiterbeförderung des abgeräumten Schutts diente. Abgeladen wurden die Trümmermassen zunächst u. a. am Luitpoldpark, am Pullacher Platz, sowie an der Gabelsbergerstraße vor der Alten Pinakothek. Ende 1945 begann man zusätzlich mit der Anlage einer großen Schuttkippe in Neuhofen, die auf einer zweigleisigen Kleinbahn-Südstrecke angefahren wurde.

Gebäudeschutträumung und beginnender Wiederaufbau

Der Säuberung und Nutzbarmachung des Verkehrsstraßennetzes folgte seit März 1946 die systematische Gebäudeschutträumung. Vordringlich war dabei die Säuberung der weiten Ruinenfelder der Altstadt, Westschwabings und des Hauptbahnhofsviertels, denn die dort gelegenen, hochwertigen Trümmergrundstücke sollten baldmöglichst wieder einer sinnvollen Nutzung zugeführt werden. Unter der Verantwortung und Planung des neugegründeten Wiederaufbaureferats wurden nunmehr die Ruinen und Mauerreste mit Hilfe von Flaschenzügen oder durch Bagger zum Einsturz gebracht und die widerstandsfähigeren Beton- oder Stahlbetondecken von Sprengfirmen und dem Sprengkommando der städtischen Feuerwehr beseitigt. Komplizierte Abbrüche, die Sicherungsmaßnahmen an benachbarten Gebäuden erforderten, besorgten die Spezialisten der städtischen Bauwacht.

Über mehrere Zwischenkippen (Sendlinger-Tor-Platz, Herzog-Wilhelm-Straße, Jakobsplatz, Gabelsbergerstraße,

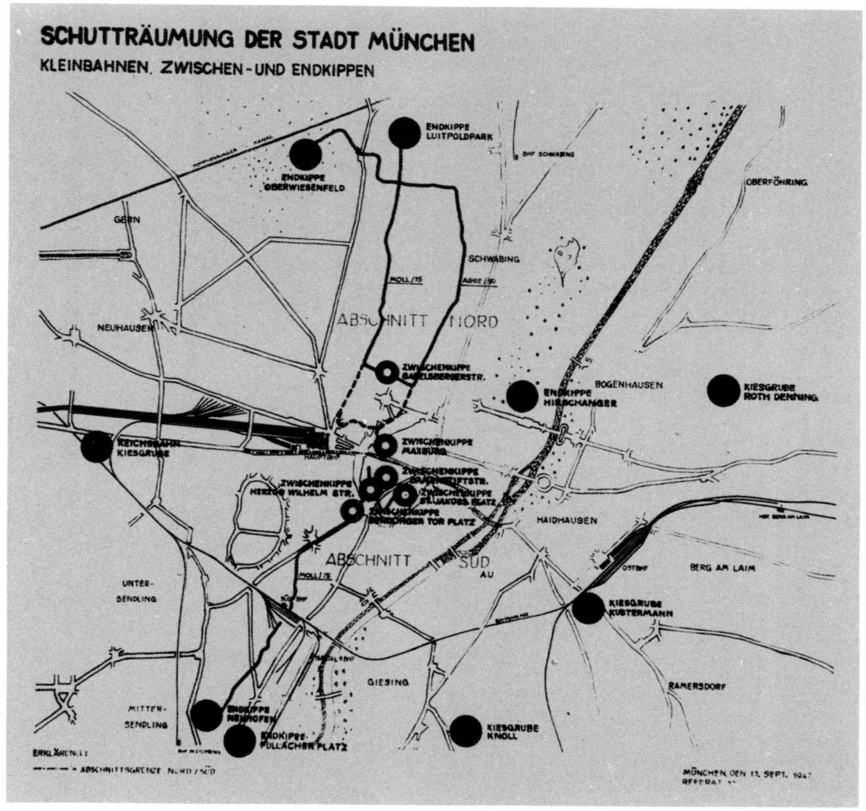

Kleinbahnen, Zwischen- und Endkippen für die Schuttbeseitigung. 1947

Maxburg usw.) wurde der angefallene Bauschutt mittels der bestehenden Kleinbahnsysteme zu den Endkippen Luitpoldpark und Neuhofen, seit Ende 1947 durch eine zusätzliche Spurbahn zur Endkippe Oberwiesenfeld dirigiert. Erst nach der Währungsreform 1948 konnte die von den wesentlichen Beschränkungen und Mangelerscheinungen befreite Münchner Bauwirtschaft mittels eines erneuerten Maschinen- und Lastkraftwagenparks den direkten Abtransport der Ziegelmassen in Angriff nehmen und nach und nach auf die unwirtschaftliche Bahnverladung und die Beschickung von Zwischenkippen verzichten.

Der zügige Fortschritt der Trümmerbeseitigung war nicht zuletzt darauf zurückzuführen, daß man in München – im Gegensatz zu anderen Städten – die Vergabe der einzelnen

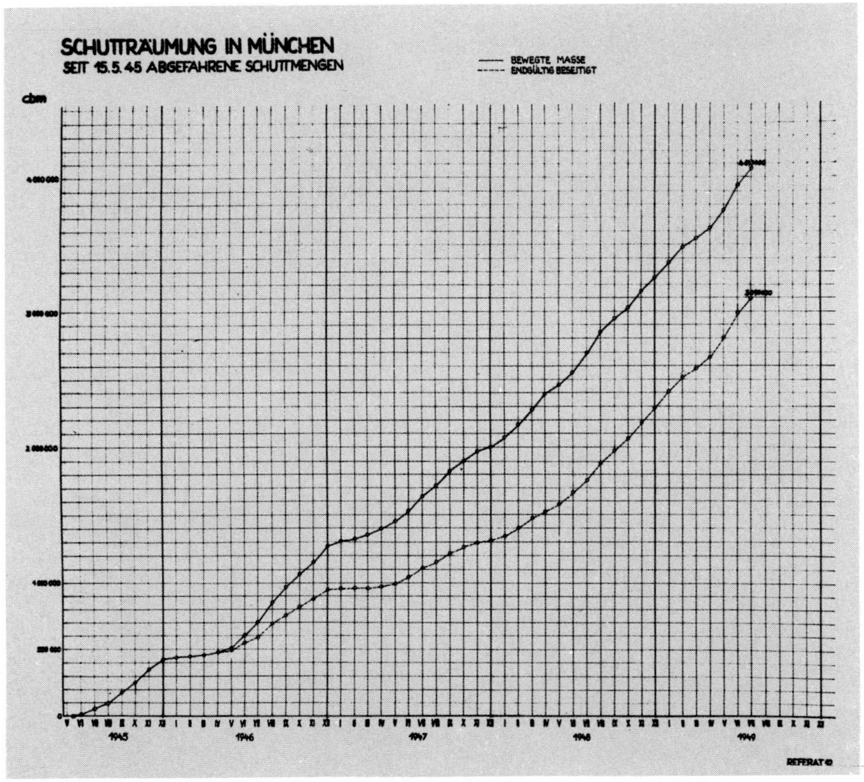

Graphische Darstellung der seit 15.05.1945 abgefahrenen Schuttmengen. 1949

Räumlose an Firmen im Leistungsvertrag abwickelte und nicht im Lohnvertrag. Die viele Jahre später erhobenen Vorwürfe, man habe damals viele historische Ruinen allzu großzügig »abgeräumt«, sind bezogen auf den stark restaurativen Blickwinkel der Gegenwart und übersehen die Ausgangslage und die damals gültige Rangfolge der zu bewältigenden gigantischen Aufgaben.

Mit dem Ende der Großflächenräumung in Schwabing stellte als letzte der dampfgetriebenen Kleinbahnen im März 1950 die sogenannte »Nordbahn« ihren Betrieb ein. Die Schuttkippen in Neuhofen und auf dem Oberwiesenfeld, die sich heute als beliebte Grünanlagen darstellen, waren schließlich die letzten Ablagerungsstätten für die Schuttmassen des zerbombten Münchens.

Erst mit der vollzogenen Enttrümmerung der Grundstükke konnte eine sinnvolle Neubautätigkeit in Angriff genommen werden. Da letztere zwangsläufig auf Jahrzehnte angelegt werden mußte, andererseits aber lebensnotwendige Versorgungsbetriebe seit Kriegsende auf die Zuweisung von Verkaufsräumen warteten, entschloß sich die Stadtverwaltung noch während der Gebäudeschutträumung zu einem für das darniederliegende Geschäftsleben bedeutsamen städtebaulichen Kompromiß, der für viele Jahre das Gesicht Münchens prägen sollte. Verschiedenen Trägergesellschaften wurde erlaubt, auf gerade freigeräumten öffentlichen Plätzen behelfsmäßige Ladenbauten und Handwerkerstuben zu errichten. Bald begannen sich auf den großen Freiflächen der Altstadt die ersten Behelfsläden auszubreiten. Dies waren zunächst einfache Parterrebauten, in Barackenbauweise ausgeführt, die nach und nach durch ortsfeste, halbmassive Bausubstanz ersetzt wurden. Eingepaßt in ein Ambiente von Lücken und beschädigten Gebäuden waren die aufdringlich unauffälligen Behelfsläden die architektonische Entsprechung der damaligen Behelfs- und Ersatzwelt. Ihre auf die Erdgeschoßzone beschränkte Höhenentwicklung schien dem gedrückten Lebensgefühl und den gedämpften Erwartungen der Münchner gut zu entsprechen. Aneinandergereiht in Form sog. »Ladengruppenbauten« waren sie zugleich eine wichtige optische Überbrückung fehlender Bausubstanz, wobei sie ob ihres provisorischen Charakters einer künftigen Bebauung nicht im Wege standen. Im November 1945 erklärte Oberbürgermeister Dr. Karl Scharnagl zur Frage der Lebensdauer dieser geplanten Provisorien: »Vorwärts geblickt sind zehn Jahre lang, aber schon nach sechs bis acht Jahren wird man es sicher als berechtigt empfinden, daß man 1945/46 diesen Behelfsweg gegangen ist. Die Behelfsläden sollen in dem Augenblick verschwinden, wo es möglich ist, im Innern der Stadt wieder einen Dauerzustand zu schaffen; davon hängt es ab, ob sie nach zehn, sechs oder fünfzehn Jahren verschwinden. Wann wir zu diesem Dauerzustand kommen, kann heute nicht mit Sicherheit gesagt werden, aber ich bin der Meinung, daß die Bemessung auf zehn Jahre ungefähr der Entwicklung in diesem Jahrzehnt entspricht, wenn die Verhältnisse einigermaßen unseren Wünschen entgegenkommen.«

Obwohl manches dieser Provisorien zum Dauerzustand wurde, hat Oberbürgermeister Dr. Karl Scharnagl mit seiner optimistischen Prognose des Wiederaufbaus Münchens Recht behalten, eines Wiederaufbaus, der noch viele Hindernisse zu überwinden hatte, der aber dank Dr. Karl Scharnagls und seines Stellvertreters und Nachfolgers Thomas Wimmers (Oberbürgermeister von 1948 bis 1960) persönlichem Einsatz zu einem guten und glücklichen Abschluß gebracht werden konnte.

Besonders die von Thomas Wimmer ins Leben gerufene gemeinsame Schutträumaktion »Rama dama« (erstmals am 29. Oktober 1949) wurde zum Symbol bester altmünchnerischer Nachbarschaftshilfe. Unter Zurückstellung der politischen und gesellschaftlichen Gegensätze wurden damals allein durch das Handeln und die Tat die Fundamente des Münchner Neubeginns gelegt.

Nicht vergessen sind auch jene Männer, denen der Wiederaufstieg Münchens aus Schutt und Asche als Dienstaufgabe anvertraut war, nämlich die Wiederaufbaureferenten Karl Sebastian Preis (bis 1946) und Helmut Fischer (ab 1946). Abschließend sollen zwei wichtige zeitgenössische Dokumente über den Wiederaufbau unserer Stadt zum Abdruck kommen. Einmal eine Art »Vorschau«, die Oberbürgermeister Dr. Karl Scharnagl am 23. September 1945 zu Papier brachte, zum anderen ein »Zwischenbericht« über die Aufbautätigkeit in den Jahren 1945 bis 1949, die von Stadtrat Helmut Fischer unterzeichnet ist. Die darin enthaltenen Überlegungen und Fakten sprechen für sich.

Betrifft: Wiederaufbau Münchens.

I. An das Referat 12.

Die wiederholte Stellungnahme des Referats zur Frage des Wiederaufbaues unserer Stadt hat nicht nur mein persönliches großes Interesse gefunden, sie hat auch, wie ersichtlich war, bei allen Stadtratsmitgliedern größtes Verständnis und volle Beachtung geweckt. Kein Mitglied der Stadtverwaltung konnte sich der Größe der gestellten Aufgabe entziehen und der Verantwortung, die der gegenwärtigen Stadtverwaltung für Generationen aus dieser Aufgabe erwachsen ist. Verschiedene Zuschriften und Darlegungen, die mir von Kreisen außerhalb unserer Stadtverwaltung zugegangen sind, beweisen mir, daß, wie selbstverständlich ist, auch dort die Angelegenheit zu eingehenden Überlegungen und lebhaften Erörterungen geführt hat.

Die vorliegenden Zerstörungen, so bedauerlich sie sind, geben die Möglichkeit, eine Stadtplanung durchzuführen, die auf Jahrhunderte hinaus das Gesicht der Stadt, ihre Entwicklung und die Lebensverhältnisse ihrer Bürgerschaft bestimmen wird. Die Lösung einer solchen Aufgabe kann m. E. nicht allein von den augenblicklich mit der Führung der Verwaltung beauftragten Personen versucht werden. Die Aufgabe ist so weitreichend, so umfassend und so bedeutungsvoll, daß die Heranziehung aller für ihre Lösung in Betracht kommenden Personen und Dienststellen eine unbedingte Notwendigkeit ist, soweit diese Heranziehung möglich gemacht werden kann. München ist nicht allein eine Großstadt mit einer bedeutungsvollen Tradition, sie ist auch Hauptstadt eines Landes. Dieses Land wird voraussichtlich in kommenden Zeiten eine noch größere Bedeutung besitzen wie bisher, und zwar sowohl politisch wie kulturell und wirtschaftlich. Diese gesteigerte Bedeutung wird und muß und soll in der Hauptstadt augenfällig in Erscheinung treten.

In den zurückliegenden Monaten haben sich verschiedene Ansätze ergeben, in München Unternehmungen, Organisationen und Einrichtungen wirtschaftlicher und kultureller Art unterzubringen, die bisher ihren Sitz in anderen Teilen des Reichs hatten, vornehmlich in solchen Teilen, die derzeit unter russischer Besetzung stehen. Ich habe es als eine meiner wichtigsten Aufgaben erachtet, nicht nur diese Ansätze zu fördern und zu begünstigen, sondern meine Blicke überall dahin zu richten, wo aus dem bedauernswerten Zusammenbruch unseres Volkes und unseres Reiches solche Einrichtungen und Unternehmungen für München zu retten und zu gewinnen wären. Diese Bestrebungen bedeuten augenblicklich besonders hinsichtlich der Raumnot eine starke Belastung für unsere Verwaltung wie für unsere Bevölkerung; diese Belastung muß aber übernommen werden, wollen wir für die Zukunft Möglichkeiten retten, die für die Entwicklung Münchens von der allergrößten Bedeutung sind.

Diese Ausblicke erfordern eine Berücksichtigung auch bei der Stadtplanung. Soll diese Stadtplanung den gegebenen Notwendigkeiten wie den erwähnten, auf die Zukunft abgestellten Erwartungen Rechnung tragen, so muß ihr zu Grunde gelegt werden eine Aufstellung aller jener Bedürfnisse, die für die Erfüllung dieser Möglichkeiten Voraussetzungen sind. Ohne irgendwie erschöpfend sein zu wollen, erachte ich für notwendig die Berücksichtigung des Raumbedarfs für *Wohnung, Wirtschaft* und *Kulturleben*, die geeignete Unterbringung und Platzwahl für die hierfür notwendigen Objekte, die Berücksichtigung der Verkehrswege und Verkehrsmittel, wie sie in Jahrzehnten notwendig sein werden und aller jener *Grün*- und *Erholungsflächen*, die der Gesundheit von Generationen dienen werden. Die möglichst restlose Aufstellung aller dieser Bedürfnisse ist Aufgabe der hierfür zuständigen Stellen. Die Verarbeitung der so gewonnenen Anforderungen im Rahmen der Stadtplanung ist Aufgabe der Stadtverwaltung im engsten Benehmen mit den zuständigen Stellen der Staatsregierung. Die außergewöhnliche, einmalige Größe der Arbeit erfordert für die Lösung letzterer Aufgabe die Heranziehung aller sachkundigen Kräfte, die auf dem Gebiete der Städteplanung und der Architektur im Bereich unserer Heimat gefunden werden können.

Das *Kulturleben* Münchens stand bereits vor der Jahrhundertwende in einer Blüte, die das Ansehen unserer Stadt in der ganzen Welt begründete. Diese Geltung muß nicht nur erhalten, sie muß ausgebaut werden. München, Bayern und was als Deutsches Reich wieder erstehen wird, wird und muß das Hauptgewicht seiner Bedeutung durch die kulturelle Leistung erhalten. Süddeutschland wird in der Lösung dieser Aufgabe Führung und Übergewicht haben. Hier wiederum München den ersten Platz zu sichern, ist die allererste Aufgabe, die gestellt ist.

Unser Hochschulwesen besaß vor 1933 höchste Geltung in seiner Dozentenschaft, wie in Größe und Zusammensetzung der Studentenschaft. Trotz bedeutungsvoller Neubauten, die vor 1933 geschaffen werden konnten, blieben aber die Einrichtungen hinter manchen Anforderungen zurück. Die Zerstörungen, die auf dem Gebiete unserer Hochschuleinrichtungen erfolgten, zwingen zu der Erwägung, ob nicht die notwendigen Neuerrichtungen von Grund auf in einem anderen Rahmen erfolgen sollten als ein solcher bisher gegeben war. Die richtige Situierung der hierfür nötigen Zweckgebäude, vor allem der Kliniken, muß daher genauestens erwogen werden. Dabei soll das traditionelle Hauptgebäude in Würdigung seiner Einfügung in Straßenbild und Viertel unter allen Umständen als Spitze der Universitätseinrichtungen erhalten bleiben. Technische Hochschule, die Akademie der Tonkunst und die Akademie der bildenden Künste müssen in dieser Planung die gleiche Würdigung und Berücksichtigung finden. Bezüglich der Akademie der Tonkunst ist zu berücksichtigen, daß die Stadt alle Konzertsäle verloren hat. Schon in meiner ersten Dienstzeit habe ich größte Beachtung dem Gedanken der Errichtung eines Musikhauses geschenkt, das allen Notwendigkeiten dienen sollte. In gemeinsamer Beratung mit den zuständigen Stellen des Kultusministeriums wurde auch bereits ein Raumprogramm skizziert. Danach sollte das neue Institut enthalten: einen Konzertsaal für ca. 2500 Teilnehmer, die notwendigen Konzertsäle für Kammermusik- und Solistenkonzerte, die Unterrichts- und Probenräume für die Akademie der Tonkunst und die notwendigen Einrichtungen, die eine moderne Hochschule für ihre Angehörigen aufweisen muß. Diese Anstalt sollte sowohl den Bedürfnissen des Staates wie jenen der Stadt als Ersatz der Tonhalle und jenen der privaten Musikpflege dienen. Für die Bühnenkunst muß erwogen werden, welche Bedürfnisse im Laufe der Generationen Befriedigung finden müssen. Auch hier ist anzuknüpfen an Erörterungen, die vor Jahrzehnten stattgefunden haben. Das Prinzregententheater wird wohl nur als Festspielhaus, als welches es gedacht war, in Verwendung bleiben können. Das Residenztheater wird seiner architektonischen Schönheit wegen als Rahmen für die besonders für dieses Haus geeignete Art der Opern benützt werden, trotz seiner räumlichen Mängel für die Zuschauer. Die Bedürfnisse nach einem Opernhaus und nach einem Sprechtheater müssen erwogen und ihre Erfüllung im Rahmen der Verwendungsabsichten für die Plätze zerstörter Gebäude in der Gegend der jetzigen Staatstheater in Rechnung gestellt werden. Ins Auge zu fassen sind die Notwendigkeiten, die sich ergeben hinsichtlich einer Befriedigung des Theaterinteresses des Bevölkerung nach Spielart wie im Hinblick auf die räumliche Ausdehnung der Stadt durch Zuwachs der Bevölkerung und Auflockerung der Wohnlagen. Für die Kunstsammlungen waren die bisherigen Räume ungenügend. Auch hier ist ins Auge zu fassen, wie unter möglichster Beibehaltung der städtebaulich wie gewohnheitsmäßig gleich günstig gelegenen bisherigen Gebäude den erweiterten Bedürfnissen Rechnung getragen werden kann.

Das Schulwesen der Stadt in Volks-, Berufs- und höheren Schulen stand auf so hoher Stufe, daß nicht nur die Beibehaltung in bisherigem Umfange, sondern der zweckmäßige, folgerichtige Ausbau unter Berücksichtigung der erwähnten erwünschten Steigerung des Kultur- und Wirtschaftslebens ins Auge gefaßt werden muß.

Die Städteplanung muß auch vorsehen die aus der Ausdehnung der Stadt notwendig werdende Bereitstellung von Plätzen für Kirchenbauten und Einrichtungen der Kultuspflege, wie dies in vergangenen Jahrhunderten in großzügigster Weise geschehen war. Für die Berücksichtigung der notwendigen Erfordernisse der Gesundheitspflege wie der Jugend- und Altersfürsorge durch entsprechende dezentralisierte Anstalten und Einrichtungen muß die Stadtverwaltung Sorge tragen.

Wie erwähnt, wurden von *wirtschaftlichen* Unternehmungen schon wiederholte Anfragen an die Stadtverwaltung gerichtet wegen Verlegung des Betriebssitzes nach München oder wegen Aufnahme von Teilbetrieben in unserer Stadt. Diese neuen Möglichkeiten in Verbindung mit dem Aufbau alteingesessener, zerstörter Betriebe, von denen an erster Stelle die Brauereien zu erwähnen sind, ergeben sowohl Notwendigkeit wie Möglichkeit, die städtebauliche Gliederung und Unterbringung des Wirtschaftslebens neu zu gestalten. Hierbei wäre sowohl die Unterbringung von guten Verkaufsgeschäften im Zentrum der Stadt wie die entsprechende Verlagerung der Betriebsstätten von Gewerbe, Handwerk und Industrie in die geeigneten Stadtlagen der Stadtplanung zu Grunde zu legen. Die Wiedergutmachung des Fehlers, im Sendlinger Oberfeld eine Industrieansiedlung zuzulassen, kann dabei verwirklicht werden. Die Unterbringung der für die Stadtverwaltung notwendigen großen Unternehmungen wie Schlachthof, Großmarkthalle ist für sich und in Verbindung mit jener der privaten Wirtschaft im Auge zu behalten. Die steigende Bedeutung der Verwendung des elektrischen Stromes im Wirtschaftsleben kann einer angemessenen Aufteilung der wirtschaftlichen Siedlungen förderlich sein.

Die Befriedigung des *Wohnbedarfs* stellt außerordentliche Aufgaben wegen der Einholung des zerstörten Wohnraums und der Berücksichtigung des Zuwachses aus der erwünschten Steigerung des Wirtschaftslebens der Stadt und dem natürlichen Anwachsen der Bevölkerung. Der notwendigen Auflockerung ist durch die Zerstörung vieler Straßenzüge vorgearbeitet. Die Hinausverlagerung von Wohnvierteln muß Rücksicht nehmen auf die geologischen Voraussetzungen des Weichbildes der Stadt, auf die Wasserversorgungs- und Entwässerungsanlagen und auf die grundsätzliche Gestaltung des Verkehrslebens.

Bei einer derart gestalteten grundlegenden Stadtplanung werden sich die notwendigen Rücksichten auf die Anlegung von *Grünflächen, Sport*- und

Erholungsplätzen von selbst ergeben. Hinsichtlich letzterer Notwendigkeit ist ins Auge zu fassen, daß in einer Zukunft, die nicht gar zu ferne liegen wird, sowohl das Isartal wie vor allem das Starnbergerseegebiet und auch das weitere Seengebiet (Weßling, Ammersee usw.) im Erholungsbereich der Großstadtbevölkerung liegen muß. Die Zufahrten wie die Ufer dieser Seen den Bedürfnissen der Münchener Bevölkerung offen zu halten, muß jetzt im weitestgehenden Umfange ins Auge faßt werden.

Es ist selbstverständlich, daß bei einer derartigen Planung des Stadtbildes auf Generationen hinaus die augenblicklich, d. h. derzeit und in nächster Zukunft gegebenen Möglichkeiten der Ausführung nicht maßgebend sein dürfen. Man muß im Gegenteil damit rechnen, daß für die nächste Zukunft, darunter verstehe ich bis zu 20, 25 Jahren, viele Einrichtungen behelfsmäßig beibehalten werden müssen, z. B. Gestaltungen der Kliniken und sonstiger Objekte für Kulturaufgaben, um dem großen Gedanken nicht die Wege zu verbauen. Aus dieser Erwägung ergibt sich, daß auch die Frage der Finanzierung für die Planung keine Rolle spielen darf, da ja an der vollen Gestaltung des Wiederaufbaues Münchens Generationen zu arbeiten haben werden.

Ich ersuche, diese meine Darlegungen zu prüfen. Nach eingehender Rücksprache mit dem zuständigen Referat unserer Stadtverwaltung soll an die übrigen beteiligten Dienststellen und interessierten Kreise herangegangen werden. Im Benehmen mit diesen soll dann ein Gremium geschaffen werden, das sich zusammensetzt aus den Vertretern dieser Dienststellen und Kreise sowie aus sachkundigen Beratern. Augenblicklich notwendige Lösungen und Regelungen brauchen nicht zu unterbleiben, sie müssen aber so gestaltet und darauf beschränkt werden, daß sie einer gesamten großzügigen Planung nicht hindernd im Wege stehen. Dieser letzte Standpunkt ist ja vom Referat selbst betont und in einem Einzelfall bereits zweckmäßig eingehalten worden.

II. Herrn Bürgermeister Wimmer zur gefl. Kenntnisnahme.

München, den 23. September 1945.

Der Oberbürgermeister:

(*Dr. Scharnagl*)

Aufbauleistungen in München 1945–1949

Vor nunmehr fast 5 Jahren beendete der Einmarsch amerikanischer Truppen in München für unsere Stadt das Kampfgeschehen des 2. Weltkrieges, in dem sie Schläge und Wunden hinnehmen mußte wie nie zuvor in ihrer 800-jährigen Geschichte. Im folgenden soll nun versucht werden, einen kurzen Bericht darüber zu geben, was in diesen 5 Jahren seit Einstellung der Kampfhandlungen beim Wiederaufbau dieser schönen, in der ganzen Welt bekannten Stadt erreicht wurde.

Eine kurze Bilanz der Zerstörung in München gibt einen Überblick über das Ausmaß der Schäden und Verluste.

München *verlor* im 2. Weltkrieg außer 18000 bei der Wehrmacht Gefallenen und rund 12000 noch immer vermißten Söhnen 6242 Bürger und Bürgerinnen, die innerhalb des Stadtgebiets in 66 Luftangriffen den Tod fanden. Es fielen also – abgesehen von dem unermeßlichen Leid, das damit in Zehntausenden von Familien einkehrte – mehr als 30000 Männer im besten Mannesalter für den Wiederaufbau ihrer Heimatstadt aus. Von einer Gesamtbevölkerung von 820000 Einwohnern 1939 wurden im Laufe des Krieges 265000 obdachlos. 45 % des Wertes aller Hochbauten wurden vernichtet, das sind – gerechnet nach dem deutschen Bauindex von 1936 – unter Berücksichtigung der Altersabschreibung – 2 Milliarden Mark.

Die dabei angefallene Schuttmenge belief sich auf mindestens 5 Millionen cbm oder 7 Millionen to fester Trümmer. Die Schäden allein an stadteigenen Gebäuden beliefen sich auf 180 Millionen Mark. 10600 Gebäude, das sind 17 % oder 82000 Wohnungen, das sind rd. 32 % des Vorkriegsbestandes, wurden total zerstört. Nur 2,5 % aller Gebäude und Wohnungen blieben unbeschädigt. 108 von 206 Kirchen und Kapellen wurden schwer beschädigt oder ganz zerstört, ebenso 40 % aller Verwaltungsgebäude, 50 % der Krankenhäuser, Kliniken und Schulen, 90 % aller Bahn- und 50 % der Postanlagen. 3 Hochschulen zerfielen in einen nahezu unbrauchbaren Schutthaufen, die Technische Hochschule wurde zu 86 %, die Universität zu 70 % vernichtet, nahezu alle Theater, Museen und Bibliotheken fielen aus. Allein 1,15 Millionen Bände, das sind 1/15 des deutschen Vorkriegsbestandes in öffentlichen Bibliotheken, sind in München verbrannt. Eisenbahn-, Post-, Fernsprech- und Straßenbahnverkehr (die Münchner Straßenbahn ist am schwersten beschädigt in ganz Westdeutschland) setzte aus. Wasser-, Gas- und Energieleitungen sowie Kanäle waren an Tausenden von Stellen durch Sprengbombeneinschläge unterbrochen. Die Versorgungseinrichtungen, wie Großmarkthalle, Schlacht- und Viehhof, Zentralkühlhaus, Dampf- und Wasserkraftwerke und die Gasanstalten wurden schwerstens beschädigt. Handels-, Handwerks- und Industriebetriebe waren zu rund 30 % total und zu rund 40 % teilzerstört, die Gaststätten zu 90 % ausgefallen, von 12000 Fremdenbetten in Hotels und Pensionen 11700 durch Zerstörung und Beschlagnahme in Wegfall gekommen. Der Baubestand von 9 Stadtbezirken wurde zu mehr als der Hälfte total vernichtet, darunter das Gebiet nördlich des Bahnhofes zu 74 %, die Altstadt zu 60 % und das beste Wohngebiet von München, Schwabing, zu 70 %. 40 % aller bayerischen Kriegsschäden konzentrierten sich auf München.

Wenn man nun angesichts dieser schier unermeßlichen Schäden, der Bettelsarmut eines Großteils der Bevölkerung, der heute auch für uns schon fast wieder unvorstellbaren Ernährungsschwierigkeiten und der Materialknappheit und vieler anderer Erschwernisse eine Bilanz des in den 5 Jahren auf dem Gebiete des Wiederaufbaus Geleisteten zieht, so ergibt sich ein zwar noch nicht erfreuliches, aber doch einigermaßen befriedigendes Ergebnis.

München gilt als die am besten vom *Schutt* geräumte Großstadt Westdeutschlands. Mit Kleinbahnen, Lastwagen, Pferdefuhrwerken und Handwagen wurden bisher 4 Millionen cbm Schutt zu den Ablagerungsplätzen gefahren, sodaß also das Ende der Schutträumung bereits abzusehen ist.

Auch die Bautätigkeit ist insbesondere in der Innenstadt sehr intensiv. Es gibt wohl keinen Punkt innerhalb des dichter bebauten, teilzerstörten Stadtgebiets, von dem aus man nicht eine Baugrube oder ein Baugerüst sehen kann. Rund 20000 *Wohnungen* wurden wiederhergestellt oder (zu einem kleinen Teil) neu gebaut. Demgegenüber wurden im Durchschnitt der Jahre zwischen den beiden Weltkriegen 3000 Wohnungseinheiten jährlich – allerdings von Grund aus neu! – erstellt. 5500 Wohnungen sind zur Zeit im Bau, davon wird die Hälfte in einigen Monaten bezugsfertig sein.

Man kann allerdings bei aller Würdigung der Größe dieser Leistungen dies erst als einen kleinen Anfang werten, gemessen an der Größe der Aufgabe.

Noch immer wohnen 30000 Personen in Baracken und Notunterkünften, ganz zu schweigen von der zahlenmäßig nicht erfaßten Überbelegung der vorhandenen, zum Teil infolge der Kriegsschäden und dem langjährigen Aufschub jeglicher Instandhaltungsmaßnahmen baulich gefährdeten oder mehr oder minder verrotteten Wohnräume.

Die für den Betrieb störendsten *Schäden am Gas-, Wasser-, Energie- und Kanalisationsnetz* sind behoben, ohne daß damit das Leitungsnetz auch nur entfernt seine frühere Leistungsfähigkeit und Bau- und Betriebsgüte durchwegs erreicht hätte. Um weiter aufzuholen wurden umfangreiche Um- und Neubauten durchgeführt oder sind im Werden. Das städtische *Gaswerk* kam durch Kriegsschäden und Versorgungsschwierigkeiten im Mai 1945 zum Erliegen. Heute erreicht es nach Beseitigung der Kriegsschäden in seiner Gasproduktion wieder den Stand von 1938.

Die *Wasserversorgung* der Stadt ist nunmehr gesichert, nachdem auch hier eine zeitlang erhebliche Schwierigkeiten aufgetreten waren. Es mußten hierbei umfangreiche neue Quellfassungen und Pumpanlagen angelegt werden.

Da heute Industrie und Gewerbe ihre Betriebe zum überwiegenden Teil elektrifiziert haben, war es eine große Sorge der Stadt, *Strom* in ausreichendem Umfang zur Verfügung zu stellen. Es mußten 2 in der Stadt gelegene Kraftwerke, von denen eines fast ganz zerstört, das andere schwer beschädigt war, wieder instandgesetzt werden und im letzten Winter konnten beide ihren Betrieb wieder aufnehmen. Die 21 Unterwerke im Stadtgebiet waren alle schwer beschädigt, sind aber heute mit einer Ausnahme wieder in Betrieb. Die Stromerzeugung der städt. Elektrizitätswerke ist nun ebenso hoch wie im Jahre 1939, die Stromabgabe sogar höher als damals. Ein großes neues Wasserkraftwerk befindet sich zur Zeit im Bau und soll im Frühjahr 1951 die Stromlieferung nach München aufnehmen. Die Anlagen der *Straßenbeleuchtung,* die ein Straßennetz von etwa 1100 km Länge mit einem Gesamtversorgungsgebiet von etwa 300 qkm umfassen, wurden zu rund 80 % zerstört, sodaß bei Kriegsende die Beleuchtung vollkommen zusammengebrochen war. Davon wurden unter gleichzeitiger Behebung der unzähligen Kabelschäden etwa 8000 Brennstellen wieder betriebsfähig gemacht, sodaß heute etwa 40 % der friedensmäßigen Beleuchtung erreicht sind.

Am *Kanalnetz* wurden rund 600 größere Schadensstellen beseitigt. Daneben wurden umfangreiche Neubauten mit einer Gesamtlänge von über 7 km, davon 4 km als Betonkanäle, durchgeführt. Zusätzlich konnten noch 3,6 km Privatrohrkanäle erstellt werden. Das Kanalnetz braucht allerdings dringend eine Erweiterung, da die Wohnungen von 230000 Einwohnern, d.i. mehr als ¼ der Stadt, nicht an das Kanalnetz angeschlossen sind. In einer Reihe an sich für weitere Bebauung geeigneter, im übrigen erschlossener Gebiete muß aus diesem Grunde die Bautätigkeit abgestoppt werden.

Das *Straßennetz* Münchens wies bei Kriegsende etwa 3500 Bombeneinschläge auf. Ihre Beseitigung verschlang 7 Millionen Mark. Die Gehbahnen vor allem sind aber in den Schadensgebieten noch in sehr schlechtem Zustand. Seit Kriegsende wurden über 12 km Randsteine ersetzt, rund 1,1 Millionen qm Kiesmakadam, ebenfalls etwa 1,1 Millionen qm Teermakadam, 90000 qm Groß- und Kleinsteinpflaster sowie 36000 qm Radfahrwege und Gehbahnen, in Straßen, die noch im Unterhalt der Anlieger sich befinden, über 100000 qm instandgesetzt. Der Zustand der Straßen ist aber in den Außengebieten noch vielfach sehr schlecht und mit Recht Gegenstand der Klage in vielen Bürgerversammlungen. Die zu 80 % zerstörten Straßenbauhöfe, Werkstätten, Montage-, Lager- und Gerätehallen, Garagen und Büroräume sind zu 65 % wieder aufgebaut, die zerstörten Geräte und Maschinen zu einem Großteil wieder beschafft.

Die dringend nötigen *Straßenverbreiterungen und -durchbrüche* im weitgehend zerstörten Stadtkern konnten aus Mangel an Mitteln bisher nicht in Angriff genommen werden und auch nicht die *Parkplätze* gesichert werden, welche die Stadt nach dem allmählichen Verschwinden der Ruinenplätze in der Innenstadt brauchen wird, immerhin konnte ein Anfang, so in der Lindwurmstraße und am Mathias-Pschorr-Ring gemacht werden.

Wenn die Stadt geldmäßig auf sich allein gestellt bleibt, kann sie ihre notwendige Städteplanung nicht gegenüber der an sich begreiflichen Initiative der Grundbesitzer auf die Dauer durchsetzen. Die Folge aber wird sein, daß nach den Erfahrungen vor allem amerikanischer Städte später ein Vielfaches durch den Abriß inzwischen wieder erstandener Gebäude aufgewendet werden muß. Daß den Gemeinden gerade zur Erfüllung dieser Aufgaben geholfen werden muß, haben die zur Beobachtung der deutschen Städteplanung entsandten amerikanischen Sachverständigen Ziehmann und Blumenfeld anerkannt. (Siehe den Bericht über ihr Gutachten in »Neue Bauwelt« Nr. 6, S. 92 »Allgemeines über Städteplanung in Deutschland«).

Die bis Kriegsende mit Pferdegespannen betriebene *Hausunratabfuhr* konnte infolge schwerer Kriegsschäden am Fuhrpark ihre Aufgabe nur mehr in unzureichendem Maße erfüllen. Dadurch bestand eine vermehrte Seuchengefahr und eine erhebliche Rattenplage. Die Stadt entschloß sich daher, die Abfuhr unter großen finanziellen Opfern völlig zu modernisieren und zu motorisieren. Es gelang im Verlauf verhältnismäßig kurzer Zeit, den größten Teil des Stadtgebietes in die Abfuhr einzubeziehen. Die Restgebiete werden in der nächsten Zeit hinzukommen.

Die Bauarbeiten am *Schlacht- und Viehhof* erforderten insges. bislang 3661000,– RM/DM. Weitere 11 Mill. DM sind zur endgültigen Schadensbehebung noch erforderlich. Für die *Großmarkthalle* und den *Viktualienmarkt* betrug der bisherige Aufwand nahezu 1 Mill. RM/DM. Weitere 8,1 Mill. sind noch nötig.

Vor dem Krieg standen zur Krankenversorgung in 4 städtischen Krankenhäusern 4800 Betten zur Verfügung. Infolge der Kriegsschäden sank diese Zahl auf 1313 Betten und wurde durch die Beschlagnahme des Schwabinger Krankenhauses mit 677 Betten durch die Besatzungsmacht noch verringert. Unter Einrechnung der während des Krieges hier und auswärts eingerichteten Hilfskrankenhäuser verfügte München 1945 über 1469 Krankenbetten. Heute stehen nach umfangreichen Wiederinstandsetzungen und Umwandlung mehrerer Hilfskrankenhäuser in städtische Krankenanstalten am Ort und auswärts wieder 4400 Betten bereit, jedoch reicht diese Zahl bei der erhöhten Anfälligkeit der Bevölkerung gegen Krankheiten noch immer nicht aus. Der Aufwand allein für 4 städt. Krankenhäuser betrug bis jetzt über 5,1 Mill. RM/DM. Der gleiche Betrag ist mindestens noch zur endgültigen Fertigstellung dieser Krankenhäuser nötig. Die schwer beschädigten Universitätskliniken wurden zu einem beachtlichen Teil wieder hergestellt und sind alle in Benützung.

Die städtischen *Altersheime, Waisenhaus, Obdachlosenasyl und Kinderkrippen* haben ihre Bettenzahl durch engere Belegung und teilweise Erweiterungen gegenüber der Vorkriegszeit sogar erhöht, ohne allerdings die Totalschäden bisher beseitigen zu können. Bisheriger Aufwand: 1541000,– RM/DM, noch nötig rd. 3,6 Mil. DM.

Von den *schulischen Einrichtungen*, die etwa zur Hälfte zerstört waren (Schadenssumme 35 Mill. DM), stehen jetzt wieder ⅔ des Vorkriegsbestandes (z. T. allerdings noch recht notdürftig und provisorisch eingedacht) zur Verfügung, nachdem 1945 durch die Schäden jeglicher Schulbetrieb lahmgelegt worden war. In einem Siebenjahresprogramm mit durchschnittlich je 3,6 Mill. DM jährlich, von denen vielleicht ein Drittel im ordentlichen Haushalt und ⅔ durch Darlehen aufgebracht werden müßten, könnte das Dringendste geschaffen werden. Die 5 *Hochschulen*, die Universität, die Technischen Hochschulen, die Akademie der bildenden Künste, Hochschule für angewandte Kunst und Hochschule für Musik, von denen die beiden letzteren ihre Häuser durch Totalschaden verloren, haben jetzt wieder einen, wenn auch in Raum und Ausstattung sehr beengten Lehrbetrieb. Die Universität hat von 62 Hörsälen vor dem Kriege (21 nach dem Krieg) jetzt wieder 43 in Benützung; gerade die größten Lehrsäle fehlen allerdings noch. Die Technische Hochschule begann in einem Trümmerfeld, in dem nur mehr ⅐ des einstigen Bestandes vorhanden war, heute sind wieder ⅔ benützbar. Die 3 anderen Hochschulen fanden teilweise in Villen oder in anderen Schulgebäuden eine Notunterkunft.

Von den 108 zerstörten oder schwer beschädigten *Kirchen* sind inzwischen wieder 35 instandgesetzt oder neugebaut bzw. gegen weiteren Verfall gesichert, da die Mittel für die Instandsetzung auf längere Zeit nicht zur Verfügung stehen.

Von den *Theatern* blieb nur ein einziges Haus, die Kammerspiele, von der Kriegsfurie verschont, alle übrigen erlitten totale oder schwere Schäden. Heute stehen in 4 größeren und mehreren kleineren Häusern wieder 5000 Plätze zur Verfügung.

Der Aufbau der *Friedhofsanlagen* wird noch 2357000 DM verschlingen.

Ein begrenzter Teil der weltbekannten Schätze der *Münchner Museen* und *Bibliotheken*, die samt und sonders schwer getroffen waren, wird – teilweise in anderen Räumen – wieder der Allgemeinheit dargeboten.

Im *Bibliotheksbau des Deutschen Museums* hat das Deutsche Patentamt nach umfangreichen Instandsetzungsarbeiten eine neue Heimat gefunden. Das *Maximilianeum*, das am Isarhang den beherrschenden Abschluß der Maximilianstraße bildet, wurde nach großzügigen Umbauarbeiten als Landtagsgebäude ausgestaltet. Aufwendige Instandsetzungen erfordert der *Justizpalast* am Stachus. Die mächtige Kuppel wurde wieder instandgesetzt und eingeglast. Noch an vielen anderen öffentlichen und Verwaltungsgebäuden wurden Sicherungs-, Instandsetzungs- und Wiederaufbauarbeiten durchgeführt, so am Kultusministerium, am Erzbischöflichen Ordinariat, am französischen und italienischen Konsulat, am Statistischen Landesamt, am Arbeitsministerium und Präsidium der Landpolizei Bayern, am Obersten Arbeitsgericht, an der Forstlichen Forschungsanstalt, am Landbauamtsgebäude, an der Landesimpfanstalt, am Landesvermessungsamt, am Berufspädagogischen Institut, am Polizeipräsidium, an der ehemaligen Taubstummenanstalt und noch an vielen anderen Objekten. Viele der Arbeiten an vorstehenden Bauten konnten infolge der unzureichenden Mittel nur behelfsmäßig ausgeführt werden. Die Stadt selbst mußte für ihre wichtigsten Verwaltungsgebäude bisher rd. 3,3 Millionen RM/DM und die Sparkasse nahezu eine halbe Mill. aufwenden; weitere 3,5 Mill. DM bzw. 380000,– DM sind noch nötig.

Noch immer aber sind ein Großteil wichtiger Staatsbehörden z. B. das Bayer. Finanzministerium und das Innenministerium auseinandergerissen und sehr beengt untergebracht.

In Münchens *Ausstellungspark*, der vom Krieg arg zerzaust war und in dem keine der Hallen ohne schwere Schäden davongekommen war, stehen heute wieder 3 Hallen mit 13000 qm gedeckter Fläche zur Verfügung und verschiedene große Ausstellungen konnten bereits abgehalten werden. (Kostenaufwand bisher 1,2 Mill. RM und 350000,– DM, weitere Kosten im Rechnungsjahr 1950/51 620000,– DM.)

München war vor dem Krieg eines der größten Fremdenverkehrszentren Europas. Von seinen 12000 *Fremdenbetten in Hotels und Pensionen* hatten nur 300 den Krieg überstanden. Heute ist der Wiederaufbau der Beherbergungsbetriebe soweit fortgeschritten, daß München wieder eine stattliche Zahl gut eingerichteter Häuser mit rund 5000 Fremdenbetten aufweist.

Die *gewerblichen Arbeitsstätten* Münchens sind verhältnismäßig gleichmäßig über das gesamte Stadtgebiet verteilt. Die größeren und jüngeren Betriebe liegen vielfach in Stadtrandgebieten. Es gereichte München im Luftkrieg zum Vorteil, denn dadurch wurden verhältnismäßig viele Großarbeitsstätten von der Zerstörung verschont. Gleichwohl waren die Bombenschäden, die Münchens gewerbliche Bauten davontrugen, im ganzen sehr schwer. Die Energie und das Organisationstalent der hiesigen Unternehmer und der Fleiß ihrer Arbeitskräfte haben es vermocht, daß der Wiederaufbau der Betriebsgebäude und -anlagen wohl zu 40-50 % gediehen ist. In ihrer Gesamtheit wohl am stärksten betroffen wurden die Münchener Brauereien, einst eine der Hauptquellen des Münchner Wohlstandes und gerade bei diesem Gewerbezweig verhinderte die Ungunst der Nachkriegszeit einen raschen Wiederaufbau. Der Krieg hatte etwa 45 % der Brauereianlagen vernichtet und einen Schaden von etwa 600 Millionen Mark hinterlassen. Der Wiederaufbau und die Instandsetzungsarbeiten mußten in den durch 4 Brauverbote ausgelösten Krisen wiederholt ausgesetzt werden. Mit welchem Nachdruck am Wiederaufbau der 8 großen Brauereien Münchens gearbeitet wird, erweist die Tatsache, daß neben den 3300 Mann Belegschaft mehr als 1000 Bauarbeiter bei den Brauereien beschäftigt werden.

Die Aufbauleistungen der übrigen Münchner Betriebe sind so vielzählig und vielseitig, daß es unmöglich ist, sie in diesem engen Rahmen aufführen zu können. Als Beispiel hierfür mag die Millykerzen- und Seifenfabrik in der Fraunhoferstraße dienen. Diese bedeutendste Seifenfabrik Bayerns konnte ihre total zerstörte Produktionsanlage nach modernen Gesichtspunkten wieder aufbauen. Umfangreiche Bauarbeiten wurden auch beim Agfa-Camerawerk in der Tegernseer Landstraße durchgeführt. An weiteren bekannten Firmen haben die Graphische Kunstanstalt Brend'amour Simhart & Co., die Graphische Kunstanstalt Bruckmann A.G. ihren Betrieb wieder aufgebaut. Abseits vom großen Verkehr entstanden die neuen Anlagen der Lodenfabrik Frey in der Osterwaldstraße und mitten in der City ihr neues großes Geschäftshaus. Hingewiesen sei auf die wieder aufgebauten oder neu erstandenen Anlagen des Trineral-, des Togalwerkes, der Optimolwerke, der Firma Franz Kathreiner und der Trockenplattenfabrik Otto Perutz.

München hat darüber hinaus durch die Aufnahme von Betrieben aus der Ostzone und durch eine Reihe von Neugründungen industriell erheblich gewonnen. Hervorzuheben verdienen u. a. insbesondere folgende Firmen:

Siemens & Halske Wernerwerk
Der Betrieb wurde nach 1945 durch Konzentration der Fertigstellung für die Fernmeldeindustrie und Verlagerung um etwa das 4-fache vergrößert.

Giesecke & Devrient, Typographisches Institut
(bekannte Wertpapierdruckerei)

Firma Albrecht & Meister A.G.

Berlin/Neuroder Kunstanstalt A.G.

Chemische Fabrik von der Heyden
(früher Radebeul)

Hormon-Chemie
(Drüsenpräparate)

die Pharmazeutischen Fabriken Würmböck und Solvat Chemie, mehrere Unternehmen der Papierverarbeitung,
sowie Versicherungsunternehmen aus Berlin.

Auch der *Einzelhandel* konnte wiederum in erstaunlichem Maße, auch rein optisch gesehen, in Erscheinung treten.

Neben vielen, vielleicht zu vielen Behelfsläden entstanden gerade in den früheren Hauptgeschäftsstraßen eine Reihe mehrstöckiger Laden- und Bürohäuser. Dadurch wurden die bekannte Kaufinger-/Neuhauser Straße wieder weitgehend baulich geschlossen und die Wein-/Theatinerstraße, in der überhaupt nur zwei, in den unteren Stockwerken noch einigermaßen brauchbare Ruinen standen, wiederum zu einem Geschäftszentrum.

Auch die hiesigen Bankinstitute haben sich tatkräftig um den Wiederaufbau ihrer Zentralen und Zweigstellen bemüht.

Statistischer Ausdruck für die Wiederbelebung des Geschäftslebens ist die Tatsache, daß München Stadt und Land im Jahre 1948 (letzte Zählung) 330600 *Beschäftigte* zählte gegenüber 313000 im Jahre 1938 bei damals höherer Bevölkerungszahl.

Die für das Leben einer Großstadt, vor allem einer Fremdenstadt wie München, so wichtigen *Verkehrsanlagen* sind zum großen Teil wieder in Betrieb. Dabei mußten u. a. 20 Brücken wieder hergestellt werden. Die Empfangsgebäude des Münchner Hauptbahnhofs und seiner Flügelgebäude wurden zu 73 % vernichtet. Bis Ende dieses Jahres werden 50 % dieser Schäden wenigstens behelfsmäßig behoben sein. Die verschiedenen Ausbesserungswerke waren zu 43 % zerstört. Heute betragen die Schäden nur noch knapp 20 %. Die Betriebswerke waren zu ⅔ vernichtet und heute sind sie zu ¾ wieder aufgebaut.

Die *Straßenbahn* Münchens hat von allen westdeutschen Großstädten die schwersten Schäden erlitten; denn neben dem rollenden Material wurden auch sämtliche Straßenbahnhöfe schwer getroffen. Heute sind wieder über 90 % der Vorkriegsstrecken befahren und die Verkehrsleistungen gegenüber der Friedenszeit sogar erheblich erhöht. Die Bahnhöfe sind alle instandgesetzt. Zusätzlich wurde eine neue Obuslinie eingerichtet. Ein großer Teil der Gleise liegt schon einige Jahrzehnte, teilweise bis zu 50 Jahre und bedürfte dringend einer Erneuerung. Ebenso ist das rollende Material einige Jahrzehnte alt. Jedoch scheitern, wie auch bei allen städtischen und staatlichen Betrieben, die Erneuerungen an der Kapitalnot.

Der große, im Kriege schwer getroffene *Verkehrsflughafen München-Riem*, wurde mit modernen Rollbahnen und Start- und Landeeinrichtungen versehen, sodaß er von verschiedenen ausländischen Fluglinien regelmäßig angeflogen werden kann. Der Aufwand für diese auch von der Besatzungsmacht gewünschten Ausgaben betrug 5,1 Millionen DM. Über 1 Million DM wären nach dem Wunsch des amerikanischen Airport Administrator im Haushaltsjahr 1950/51 aufzubringen; die Mittel konnten allerdings bisher hierfür nicht bereitgestellt werden.

Die *Versorgungseinrichtungen* sind wieder alle soweit instandgesetzt, daß sie den anfallenden Betrieb erledigen können. So bewältigt die Großmarkthalle trotz des Ausfalls von 3 Hallen einen Umschlag, der größer ist als im Frieden. Der Schlacht- und Viehhof funktioniert trotz der noch bestehenden baulichen Lücken reibungslos.

Die für das wirtschaftliche Leben so wichtigen Einrichtungen der *Post* wurden soweit wieder aufgebaut, daß sich der Betrieb jetzt wieder unter erträglichen Arbeitsbedingungen für das Personal und für die Bevölkerung fast friedensmäßig abwickeln kann. Durch den Aufbau in den Fernsprechämtern und durch den Neubau eines Fernamtes (das größte und modernste seit 1945 im Bundesgebiet) sind jetzt wieder 33000 Fernsprechanschlüsse gegenüber 20000 bei Kriegsende betriebsfähig. Die rund 800 öffentlichen Fernsprecher sind etwa zur Hälfte wieder zu benützen.

So sind im Laufe von 5 Jahren – Baustein um Baustein – trotz Hunger und Materialmangel, trotz Währungsreform und Kapitalnot, *etwa 20 % der Kriegsschäden*, oft unter Aufbietung der letzten physischen und materiellen Mittel durch Instandsetzung und Neubau wieder beseitigt. Man kann nicht verlangen, daß die furchtbaren Zerstörungen des Krieges in einigen wenigen Jahren wieder in Ordnung gebracht werden. *Es bleibt noch sehr viel zu tun übrig.* Von dem, was geschehen müßte – und zwar bald – konnte nur ein kleiner Teil angedeutet werden.

Um den Weg wieder zurückzufinden zu einer technisch wohlorganisierten, wirtschaftlich und sozial gesunden Stadt von der altüberlieferten Anziehungskraft muß zu den eigenen Anstrengungen ihrer Bürger auch eine Kredithilfe von auswärts treten. Das hierzu notwendige Vertrauen glaubt die Stadt gerade durch die schwierigen Leistungen der ersten Nachkriegsjahre verdient zu haben.

Fischer
Vortr. Stadtrat

Situationen und Szenen in Photographien von 1945 bis 1949

Die zerstörte Stadt

„Dürfen wir es wagen, in diesem Augenblick daran zu erinnern, daß auch München zu eben diesen besonderen Städten gehört hat und nicht eben die geringste unter ihnen gewesen ist? Müssen uns nicht die Tränen aus den Augen stürzen und jedes Wort wegschwemmen, sowie wir auch nur daran denken, wie furchtbar diese Stadt ihrer Schönheit beraubt ist? Hat es einen Sinn, von diesem Einst zu reden angesichts des uns lange Zeit hinaus beschiedenen Trümmerdaseins, das da auszuschließen scheint, daß es je wieder so werden könnte, wie es einmal gewesen ist?“

Der Einmarsch der amerikanischen Truppen durch die Dachauer Straße am 30. April 1945.

Der Marienplatz, am 30. April 1945, nach der Übergabe der Stadt an die Amerikaner. Die Patrona Bavariae erhielt erst im November 1945 wieder ihren alten Platz auf der Säule.

Das Portal des Neuen Rathauses, in dem die amerikanische Militärregierung ihren Sitz hat. Herbst 1945

Zivilisten bitten um Vorsprache bei der Militärregierung im Rathaus. Mai 1945

Ein Transport deutscher Kriegsgefangener bei einem Halt vor dem Neuen Rathaus am 5. Mai 1945.

Das Alte Rathaus, im Hintergrund die Heilig-Geist-Kirche. Die Reste des Rathausturmes sind bereits abgeräumt. Oktober 1945

Blick aus dem Alten Rathaus auf das zerstörte ehemalige Stadtarchiv. Im Hintergrund der Chor der Peterskirche. Oktober 1946

Die Ostseite des Marienplatzes und das Tal bis zum Isartorplatz. Aufnahme vom Neuen Rathausturm im November 1945.

Der Chor der Heilig-Geist-Kirche. 1945

Das Gelände am Rindermarkt ist bereits vom Schutt befreit, rechts der freistehende Löwenturm, dahinter die Peterskirche. 1947

Das Petersbergl mit Langhaus und Chor der Peterskirche. 1945

Das Areal zwischen Rosenstraße und Rindermarkt vor der Räumung. An der Peterskirche beginnen die ersten Wiederaufbauarbeiten. 1946

1946 ist die Südseite des Marienplatzes größtenteils schon freigelegt, die Ruine des Hotels Peterhof wird erst im März 1948 abgetragen. Das seit September 1945 wieder in Betrieb genommene Glockenspiel zieht wie eh und je viele Zuschauer an.

Hinter dem Ruinengelände am Rindermarkt der unzerstörte Turm des Neuen Rathauses. 1945

Der Atlantik-Palast im ehemaligen Vorstadttheater am Isartor, um 1946. Das Gebäude wird später völlig abgetragen.

Das Isartor 1945. Die Warnung gilt den amerikanischen Militärfahrzeugen, denen die Ost-West-Achse vorbehalten ist.

Durchblick von der Maffeistraße zum Dom. Der Dachstuhl ist abgedeckt, die zerfetzte Kupferbedeckung der Kuppeln wird gerade durch eine Holzverschalung ersetzt. Oktober 1945

Pfeiler und Fensteröffnungen des eingestürzten Chorgewölbes der Frauenkirche. 1946/47

Chor der Frauenkirche. 1946/47

Blick vom Rathaus auf den Chor der Frauenkirche.
1946

Die Neuhauserstraße bei der Alten Akademie und der St. Michaelskirche.
September 1945

Die Fassade der St. Michaelskirche. 1946
Der berühmte Engelssturz von Hubert Gerhardt befindet sich noch in der während des Krieges aufgeführten Schutzummauerung, die erst 1949 entfernt wird.

Der Innenraum der St. Michaelskirche, gegen die Hauptportale gesehen. 1947

Der Bürgersaal, von dem nur die Umfassungsmauern stehen blieben, Frühjahr 1945. Die Kirche wird durch Selbsthilfe der Münchner soweit wiederhergestellt, daß am 24. Dezember 1945 Kardinal Faulhaber hier die Christmette zelebrieren kann.

Das Karlstor mit dem eingerüsteten Hotel »Fahrigs Deutscher Hof«, dessen Restaurationsräume bereits 1947 wiedereröffnet werden. 1946

Blick von der Hofstatt auf die beschädigten Domkuppeln. Oktober 1945

Der Luftschutzbunker an der Hotterstraße wurde 1947 für Gäste der Stadt zum Hotel City umgebaut. 1948

Die Fürstenfelder Straße von der Sendlinger Straße aus gesehen. 1946

Herzog-Wilhelm-Straße an der Einmündung der Kreuzstraße. Links die Gleisanlagen und Schuttberge der hier angelegten Zwischenkippe. September 1946

Aufnahme vom Turm der Frauenkirche auf das freigelegte Gelände zwischen Neuhauser Straße und Altheimer Eck. 1946

Die Sonnenstraße in Höhe der Adolf-Kolping-Straße. 1946

Zeitungsverkauf am Karlsplatz, Ecke Bayer-/Sonnenstraße. August 1946

Straßenbahn in der Bayerstraße vor dem Hotel Königshof. 1947

Das Brunnenbuberl am Karlsplatz. Herbst 1945. Gegenüber das zerstörte Kaufhaus Horn.

Karlsplatz gegen Westen, rechts das ausgebrannte Hotel Königshof. Winter 1945/46

Trümmer zwischen Schützen- und Prielmayerstraße mit Turm des Neuen Justizpalastes. September 1946

Fassade und Kuppel des Justizpalastes von der Bayerstraße aus gesehen. September 1946

Blick von der Maxburgstraße auf den Südteil der Maxburg, den sog. Observatoriumsturm an der Ecke zur Kapellenstraße und den Wilhelmsbogen, vor der Freiräumung des gesamten Areals. 1945

Das abgeräumte Gelände zwischen Lenbachplatz und Hartmannstraße. Juni 1949

Barerstraße in Höhe des Kunstblocks mit einem Straßenbahnzug der Linie 8. Im Hintergrund das nahezu unbeschädigt gebliebene Kaufhaus Bernheimer und die Deutsche Bank. 1946

Die Nordseite des Hauptbahnhofs. 1945

Von Kindern umlagerte Besatzungssoldaten auf dem Bahnhofsplatz. Oktober 1946

Vor dem Nordausgang des Hauptbahnhofs. Oktober 1946

Die demolierte Eisen-Glas-Konstruktion der Bahnsteighallen. 1946

Die verwüsteten Gleisanlagen des Münchner Hauptbahnhofs. Mai 1945

Die Arnulfstraße im September 1946. Rechts das zerbombte Hotel Deutscher Kaiser, im Hintergrund die Kuppel des Verkehrsministeriums.

Die Westseite der Seidlstraße in Höhe des Verkehrsministeriums. Juli 1946

Die Nordseite der Arnulfstraße, gegenüber dem Starnberger Bahnhof. 1945

Die Hackerbrücke, bei der ein Brückenteil eingestürzt war, 1946. Sie wird erst 1947 durch den Bau eines Notstegs für Fußgänger und Radfahrer benutzbar.

Blick durch die Bayerstraße auf die Frauenkirche.
September 1946

Das Areal zwischen Bayer- und Schwanthalerstraße wird freigeräumt. März 1947

Der Königsplatz mit den Ehrentempeln, die noch mit Tarnnetzen versehen sind. Winter 1945

Die Glyptothek, durch einen Treffer an der Seite aufgerissen. 1945

Das zerstörte »Braune Haus« an der Brienner Straße. August 1946

Karolinenplatz 1948. Die Frauenkirche im Hintergrund ist bereits zur Hälfte mit einem Notdach versehen.

Von der Basilika St. Bonifaz an der Karlstraße wurden nur der Glockenturm
und die Eingangsfassade verschont. August 1947

Der Neureuther-Bau der Technischen Hochschule an der Arcisstraße wurde völlig vernichtet. Januar 1947

Blick vom Turm der Technischen Hochschule über Luisenstraße und Umgebung zur Josephskirche. 1946

Vor den Trümmern der Josephskirche. 1945

Die Pinakothek von der Barerstraße aus gesehen. 1946

Ruinen an der Gabelsbergerstraße. 1947

Fassadenreste der Neuen Pinakothek. 1948

Das Siegestor. Juli 1947

Die Ludwig-Maximilians-Universität von der Ludwigstraße aus aufgenommen. 1945

Blick auf die Einmündung der Veterinärstraße mit Adeligem Fräulein Institut (links) und Georgianum. 1945

Der behelfsmäßig gesicherte Lichthof im Hauptbau der Universität. Juni 1948

Das Kriegerdenkmal in der Universität. 1946

Die Südfront der Staatsbibliothek. 1948

Die aufgerissene Hauptfassade der Staatsbibliothek an der Ludwigstraße. 1946

Blick durch das Bombenloch an der Rückwand der Feldherrnhalle auf den Dom. Oktober 1945

Über die Trümmer
des Innenministeriums
ragt die Kuppel
der Theatinerkirche. 1945

Theatinerstraße mit Theatinerkirche. September 1946

Die zerstörte Westfassade der Hauptpost an der Dienerstraße mit dem später entfernten Portal von J. Gunetzrhainer. 1948

Das Denkmal Max I. Josephs vor dem ausgebrannten Nationaltheater. 1945

Umgestürzter Kandelaber vor dem Nationaltheater.
September 1946

Bühnenraum und Zuschauerraum des Nationaltheaters. 1945

Theatiner-Ecke Perusastraße. September 1946

Sonnenbad an der Residenz. März 1945

Blick aus der Feldherrnhalle auf das Nord-West-Eck des Hofgartentrakts der Residenz. Februar 1946

Eine der 4 Bronzeskulpturen von Hans Krumper, die über den Westportalen der Residenz angebracht waren. 1948

Der Brunnenhof der Residenz mit der hier deponierten Patrona Bavariae der Westfassade. 1945

Das eingestürzte Gewölbe des Antiquariums
in der Residenz. 1945

Gewölbereste der Allerheiligen-Hofkirche in der Residenz. 1946

Das 1. Kammerkonzert unter freiem Himmel im Grottenhof der Residenz.
28. August 1945

Beutegeschütze vor dem Armeemuseum, mit dem zerstörten Nordtrakt der Hofgartenarkaden. 1945

Blick auf die Salvatorkirche. 1946

Der Promenadeplatz 1948. In der Baulücke stand einst das Hotel Bayerischer Hof.

Wein-/Ecke Gruftstraße (heute Marienhof) mit den Resten der alten Polizeidirektion. 1945

Das Gebiet zwischen Landschaftsgasse und Siegestor, aufgenommen vom Neuen Rathaus aus. 1948

Die Ruhmeshalle auf der Theresienhöhe. September 1946

Im Alten Südfriedhof. 1946

Die Post am Goetheplatz von der Häberlstraße aus gesehen. 1946

Der Stadtbach an der Baaderstraße; im Hintergrund die Fassadenfront an der Ickstattstraße. 1946

Die Mariahilfkirche in der Au. 1945

Blick ins Innere der Mariahilfkirche. 1947

Im Krieg vernichtete Herbergen in der Au bei der Mariahilfkirche. 1945

Trümmerbeseitigung

„Jede Erneuerung, die geistige wie die äußerliche, setzt voraus, daß dem Neuen durch Beseitigung der Trümmermasse des Zusammenbruches Platz gemacht werde.

Schon gewahren wir manchen überraschenden Blickpunkt im Straßenbild, der uns den notgedrungenen Verzicht auf das Dahingegangene erleichtert und den Aufbauwillen anregt. Dabei erhebt sich aber eine grundsätzliche Frage: soll der Nachdruck auf dem ersten Teil des Wortes »Wiederaufbau« liegen und ein Wiedererstehen des Alten bis an die Grenze des Möglichen angestrebt werden oder soll darunter ein Wiedereinsetzen des Aufbaues überhaupt, ohne besondere Rücksicht darauf, wie es früher war, gemeint sein?“

Deutsche Kriegsgefangene bei Aufräumungsarbeiten in der Schellingstraße. 1945

Barer-/Ecke Schellingstraße. Herbst 1945

Zum Schutträumen werden auch ehemalige Parteimitglieder herangezogen. 1946

Studentinnen bei Aufräumungsarbeiten in der Universität. Mai 1946

Einreißen einsturzgefährdeter Ruinen. 1945

Aufräumungsarbeiten bei den Kapuzinern. um 1948

Beschädigte Fassadenteile der Alten Akademie werden abgerissen. August 1946

Fassadensprengung. 1946

Ein entschärfter Blindgänger wird abtransportiert. 1949

Aufräumungsarbeiten in der Georgenstraße, mit amerikanischen Wachtposten für die hier arbeitenden deutschen Kriegsgefangenen. 1945

Beladen der Kipploren. 1945

Die Schuttbahn mit einer vorgespannten Dampflokomotive in der Türkenstraße vor dem »Alten Simpl«. 1945

Endkippe am Luitpoldpark. 1948

Zwischenkippe am Jakobsplatz, dahinter das zerstörte Stadtmuseum. 1946

Die Ostseite des Jakobsplatzes, zum Sebastiansplatz gesehen. 1946

Die berühmte Schutträumaktion »Rama dama« wird auch von den Amerikanern unterstützt. Oktober 1949

Oberbürgermeister Wimmer greift selbst zur Schaufel.
Oktober 1949

Vom Leben der Menschen

„Laßt uns über die Felder der Zerstörung hinwegsehen, über die Landschaften der Ruinen, über die vielen toten Bäume und die toten Straßen in Schwabing und sonstwo. Nicht eine einzige Stadt, und wären alle Ringe ihres vielhundertjährigen Wachstums ausgebrannt, wurde von ihren Bewohnern aufgegeben. Einmal fürchtete man sie mit sinkenden Schiffen vergleichen zu müssen. Aber die Mannschaften blieben auf den zerfetzten Decks; vor wenigen Jahren noch belebten es Gäste aus der ganzen Welt. Und es war viel Musik an Bord. Darum kann es heute nicht gehen! Wir sind hier geblieben, weil wir, gleichermaßen gebannt von Illusion und Wirklichkeit, den Rest noch mehr lieben als das Ganze, weil wir uns an das Verbliebene klammern, als könnten wir damit die untergegangene Welt beschwören, weil wir das auf eine wunderbare Weise Erhaltene als eine Kraft empfinden, die den Felsen sprengt, aus dem neue Ströme des Lebens fließen."

Die erste Fronleichnamsprozession am 3. Juni 1945. Kardinal Faulhaber trägt das Allerheiligste durch die Stadt. Die begleitenden Polizisten tragen noch die Uniformen der NS-Zeit.

Anstehen gehört zum Alltag; hier eine Menschenschlange in der Müllerstraße. Sommer 1947

Münchner, die vor der Ruine der Schwabinger Brauerei
auf ein Beförderungsmittel warten. Sommer 1945

Barer-, Ecke Schnorrstraße. 1948
Jeder noch betretbare Wohnungsteil wird provisorisch genutzt.

Wie groß der Mangel an Dachziegeln bleibt, sieht man an der Vielfalt des Materials, mit dem dieses Notdach gedeckt ist. 1946

Ein Gebäuderest als Notwohnung. 1947

Eine »Tabakplantage« in einer Ruine am Eisbach, dahinter das Marstallgebäude. 1947

Behelfsbauten zwischen ausgebrannten Wohnblöcken im Bereich Hiltensperger-/Elisabethstraße. Um 1946

Trümmerfrauen am Färbergraben. Mai 1946

Waschtag. März 1948

Auch eine Notunterkunft; da die elektrischen Weichen der Straßenbahn noch außer Betrieb sind, müssen sie von Hand gestellt werden. 1945

Eine »Terrassenwohnung« an der Lothstraße 72. 1949

Hauseingang einer in den 20er Jahren berühmten Künstlerpension an der Akademiestraße Nr. 15. 1945

Lebensmittelgeschäft Luisenstraße 59, in Höhe der Theresienstraße. 1948

Auslagen einer zerstörten Bäckerei an der Barerstraße. 1947

Behelfsläden in Pfahlbauweise am Isartorplatz. 1948

Zimmerheizung im Neuen Rathaus. 1945

Straßenszene 1946.

Menschenschlange vor dem italienischen Eiscafé Aetna an der Sendlingerstraße 65. Juni 1946

Die Fischhalle an der Guldeinstraße. Sommer 1947

Metzgerei in einem Kiosk am Goetheplatz. 1948

Behelfsgaststätte an der Goethestraße. 1949

Gießkannen aus Gasmaskenbehältern. 1946

Kartoffelverteilung. Januar 1947

Tauschzentrale am Rotkreuzplatz. Herbst 1945

Die erste Ausgabe der Münchner Zeitung, die anstelle der Bayer. Landeszeitung als alliiertes Nachrichtenblatt erschien, wird am 9. Juni 1945 verkauft.

Plakatanschläge im Karlstor. September 1946

Zeitungskiosk mit umfassendem Angebot
im Rosental bei der Niessergasse. 1949

Zeitungsleser vor dem Hauptbahnhof. September 1946

Die erste Gemeindewahl nach dem Krieg am 26.05.1946. Wahllokal an der Wendl-Dietrich-Straße.

Wahlpropaganda der WAV (Wirtschaftliche Aufbauvereinigung) am Rotkreuzplatz vor den Gemeindewahlen am 30. Mai 1948.

Hungerdemonstration der Münchner Studenten am Odeonsplatz am 17. Juni 1948, 3 Tage vor der Währungsreform.

Menschenschlange in der Marienstraße, die am Tag der Währungsreform (20. Juni 1948) bei strömendem Regen auf die Auszahlung des Kopfgeldes in der Herrnschule wartet.

Abgabe der Meldebögen über Konten und Guthaben bei einer Bank.
22. Juni 1948

Sofort nach der Geldumstellung kann man wieder Waren aller Art erwerben.
Ein Schaufenster an der Neuhauserstraße 23 am 24. Juni 1948

Auch auf den Märkten, hier am Viktualienmarkt/Ecke Rosental, ist das Angebot an Obst und Gemüse reichlich. August 1948

Fliegende Händler gegenüber der Michaelskirche bieten ihre Waren an. 1948

Straßenhändler in der Möhlstraße, dem Zentrum des Schwarzmarkts. 1947

Hausfrauen demonstrieren gegen den Schwarzhandel, hier Brienner Straße an der Einmündung der Türkenstraße. 1947

Festgenommene Schwarzhändler werden nach einer Razzia ins Polizeipräsidium (hier Eingang Löwengrube) gebracht. 1946

Aus der Kriegsgefangenschaft entlassene Jugendliche.

Münchner Kinder. 1945

Klassenzimmer. Um 1946

Beim Austeilen der Schulspeisung. Um 1948

Läuseuntersuchung und Fingernägelkontrolle in einer Münchner Volksschule. Um 1947

Ehemalige PW's (Prisoners of war) bei der Ankunft auf dem Ostbahnhof. 1946

Rückkehr von Evakuierten nach München. Um 1946

Blinder Bettler im Karlstor. September 1946

Kriegsversehrte. Herbst 1946

Flüchtlingstransporte. 1947

Sportbegeisterte Zaungäste vor dem Stadion an der Grünwalder Straße. Frühjahr 1948

Jugendliche Zuschauer auf der zerstörten Tribüne des Sportplatzes an der Grünwalder Straße während einer Vorführung zum »Tag der Schule«. Sommer 1947

Der amerikanische Stadtkommandant Oberst Keller zwischen Oberbürgermeister Scharnagl (rechts) und 2. Bürgermeister Wimmer, bei der Eröffnung des Herbstfestes. 1946

Herbstfest. 1946

Blick vom Café Schiller an der Maxburgstraße/Ecke Lenbachplatz auf Behelfsläden an der Stelle des heutigen BMW-Pavillons. 1949

Alte Münchnerin bei der Fronleichnamsprozession. 1947